佛陀成道時說「眾生皆有佛性」。只要人人肯承認「我是佛」，世界即刻就會不一樣了。

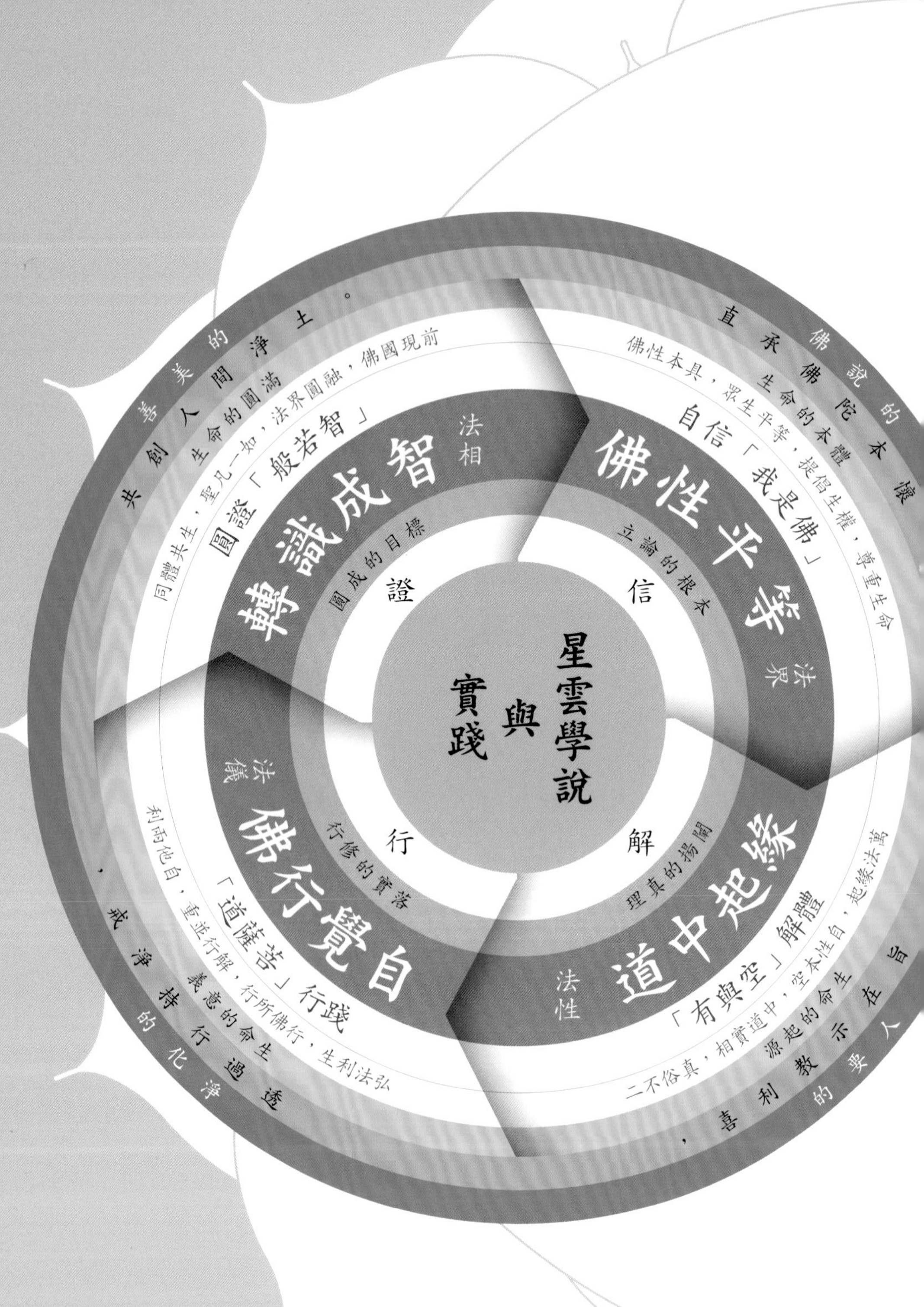

圖表內容：滿義法師；圖表設計：吳靜慈、吳佩穎

星雲學說與實踐

立論的根本——**佛性平等**（法界）——信——自信「我是佛」——生命的本體

佛性本具，眾生平等
提倡生權，尊重生命

闡揚的真理——**緣起中道**（法性）——解——體解「空與有」——生命的起源

萬法緣起，自性本空
中道實相，真俗不二

落實的修行——**自覺行佛**（法儀）——行——踐行「菩薩道」——生命的意義

弘法利生，行佛所行
解行並重，自他兩利

圓成的目標——**轉識成智**（法相）——證——圓證「般若智」——生命的圓滿

同體共生，聖凡一如
法界圓融，佛國現前

人間佛教的生命教育

佛說的——直承佛陀本懷

人要的——旨在示教利喜

淨化的——透過行持淨戒

善美的——共創人間淨土

世間萬法都是「緣起」而有，
其自性本「空」。
從「緣起性空」的真理體證到
「空有一如」的「中道」實相，
這就是中觀的般若智慧。

自覺行佛

星雲

佛法教人「止惡行善」，
藉此「自利利人」、「自覺覺他」，
最終達於自他「覺行圓滿」。
人間佛教以「自覺行佛」為修行。

轉識成智

「識」是人間情識，是生死的根本；
「智」是般若自性，是解脫的要道。
學佛就是要開發不一樣的智慧，
也就是要「轉識成智」，
才能找回自己的真如佛性。

大師初到台灣時，因國民政府聽信謠傳而大肆逮捕大陸來台僧人，當時外省僧青年如同喪家之犬，無處安身。幸有慈航法師高喊「搶救僧寶」，並在汐止興辦彌勒內院，讓青年僧得有安居之所，不致於因為無處掛單而流落社會。大師雖未投靠慈航法師，但深受慈老愛護，因此每年大師都會前往彌勒內院探視慈老一、二次。

（圖中坐者為慈航法師，大師站在慈航法師右後方）

深入經藏

星雲大師十二歲出家，在佛教的律下（律學院、寶華山傳戒）、教下（天台、賢首、唯識、三論）、宗下（金山、天寧、高旻），接受了一連串完整的佛門教育。

（圖為大師就讀焦山佛學院時期）

1955年，大師感於當時台灣佛教經典缺乏，故與南亭、煮雲法師等人，共同發起「影印大藏經環島宣傳團」，帶領青年從宜蘭、花蓮、台東、屏東、高雄一路北行，共至二十七個縣市鎮展開環島布教，前後達四十四天。沿途透過講演、佛曲教唱、放映幻燈片、座談等活潑的布教方式宣傳影印大藏經。此一現代化弘法，對台灣佛教後來的發展有極為深遠的影響。

（圖為大專青年代表周宣德居士〈右〉，授旗給團長南亭法師。南亭法師左邊依序為：道安、東初、大師、煮雲法師等）

1977 年，大師在佛光山成立「佛光大藏經編修委員會」，著手將《大藏經》加以標點、註解、排版、重新付印，目前已完成《阿含藏》、《禪藏》、《淨土藏》、《般若藏》、《法華藏》等。同時結合大陸學者將佛書翻譯成白話文，出版一百三十二本的《中國佛教經典寶藏》，以利一般人研讀佛書。

1989 年，大師至大陸弘法探親，贈送《佛光大藏經》給北京法源寺，由傳印法師代表接受。

上｜大師贈送一百五十套《禪藏》給全世界各大學圖書館。

（圖為柏克萊大學教授蘭卡斯特在接受藏經時，雙手捧經，歡喜無比。）

下｜ 2001 年，大陸學者到佛光山請教編藏的經驗，大師親自陪同至編藏處參觀。

（圖中由左至右：北京人民大學方立天、四川大學陳兵、蘭州大學鄭炳林、南京大學賴永海、北京大學樓宇烈等教授。）

創意講經

大師初到台灣時，即深深了解弘法布教融入台灣社會及信徒群眾的重要，所以每次講經都設有台語翻譯，因此大大拉近了他和本省信眾之間的距離。

（圖為 1955 年大師在宜蘭雷音寺上課講經，旁邊是台語翻譯張優理小姐，後來出家，即今之慈惠法師）

在大師的同道中，不乏互相提攜的善友，其中煮雲法師是大師在棲霞佛學院的同學，二人相知相惜，情同兄弟。一九五〇年，煮雲法師從舟山撤退到台灣，大師將唯一的長衫送給他；一九六四年，大師在壽山寺創立佛學院，特邀煮雲法師前往授課。煮雲法師曾說：「星雲大師所開示的佛法，很難找出是出自哪一部經、哪一段經文；但是如果你以為大師的開示不是佛法，偏偏他又句句都不離根本義理。因為大師的佛法都是經過自己融會、消化，所以散布在每一部經論中，卻又找不出是哪一部經、哪一段文。」

（圖中大師右邊是煮雲法師，左邊為空軍子弟學校校長楊秀河女士，她曾為煮雲法師、孫張清揚居士台語翻譯，是佛教的女護法。）

1984 年 7 月，大師在北港媽祖廟前舉行「佛經講座」。大師曾挺身疾呼：「佛教應該為媽祖定位，就如關公、伽藍、韋馱、天龍八部、四大天王一樣，在佛教裏都有屬於護法神應有的地位。」可惜最後說項未成。因為媽祖宮未能成為會員，致使當時台灣佛教減少四百萬會員信徒，至今仍感遺憾。

自 1973 年起，大師連續三十年於台北國父紀念館舉辦「佛經講座」，每次為期三天。三天的講座，總計有一萬人次以上到場聆聽，不但場內座無虛席，許多未能進入現場的民眾只好收看戶外的電視轉播，可見大師講演的魅力，及其德化的澤被。

大師善用舞台布景、聲光、道具，呈現多樣面貌，接引不同的人；尤其大師說法深入淺出、契理契機，總能讓聽聞者打從心中湧現「我懂了、我明白了、我覺悟了」的法喜，因此場場爆滿，連年盛況不衰。

1987 年，大師應邀到香港沙田大會堂講演，兩年後移師到萬人的紅磡體育館，從此成了一年一度香港佛教界企盼的盛事，每年都是萬人空巷。

大師在香港的講演，深深改變了香港人的信仰與生活。例如，早先香港人因對賭博賽馬的迷信而排斥出家人，甚至計程車司機都不願意搭載；大師針對他們關切「如何致富」的問題，鼓勵大家做自己的財神爺，能夠勤勞、節儉、服務、結緣、明理、認錯、慚愧、感恩等，這些都是精神和物質上的「另類財富」。現在香港人反而視出家人為「財神爺」，是另一種財富的象徵。

（圖為 1997 年 4 月，大師在香港紅磡體育館宣講《阿含經》及舉辦三皈五戒法會，聽者、皈依者達兩萬餘人）

1996 年，大師在吉隆坡的莎亞南體育館主持八萬人弘法大會，寫下馬來西亞佛教史上的紀錄。身為虔誠回教徒的馬哈迪總理甚至默默地捐出五萬元馬幣作為贊助基金。

1998 年 5 月，大師應邀到馬來西亞弘法，會晤有「馬來西亞聖人」之稱的回教國家領袖馬哈迪總理，這是馬哈迪擔任總理十八年來第一次接見外國宗教人士，二人暢談四十分鐘之久，大師當面邀請總理訪問佛光山，獲得欣然允諾，可惜就在訪問日期決定後，卻因發生「安華事件」而臨時取消。

2001 年 4 月，大師應邀到新加坡義安理工學院，宣講「從四聖諦到四弘誓願」。另外並應新加坡國立大學醫學院與南洋大學之邀，與師生進行一場「佛學與醫學交流」座談會。

大師一生主持過無數的座談會，場場精彩；乃至平時應邀各地講演，也經常鼓勵信徒提問。大師自詡自己是一口鐘，有敲必應，有問必答。大師解答問題，不但論理精闢，切題發揮，並且引喻說譬，生動活潑。尤其遇有聽眾提出敏感尖銳的問題，大師總是四兩撥千斤的展現他的幽默與智慧，經常引動全場如雷的掌聲及笑聲不斷，熱絡的情緒更是瀰漫全場，久久不散。

2006年6月24日，大師應邀於瑞士聯合國國際會議中心專題講說「融合與和平」。現場除以英文、瑞士德語、廣東話直譯外，整場的演說實況並以遠距視訊，同步在台灣、香港、新加坡、菲律賓、巴西、瑞典與關島等地定點轉播。

著作等身

大師二十六歲應邀到宜蘭雷音寺，正式走上弘法之路。因為自覺沒有別的專長，就繼續從事寫作。他替報章雜誌寫文章，替電台寫廣播稿，自己也編雜誌。因為寫作，曾被譽為「佛教的文藝明星」，並因為經常「以文會友」，因此結識了不少文藝界的朋友。

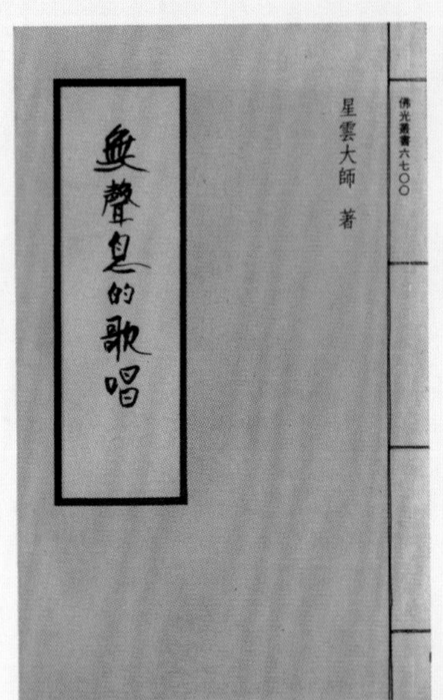

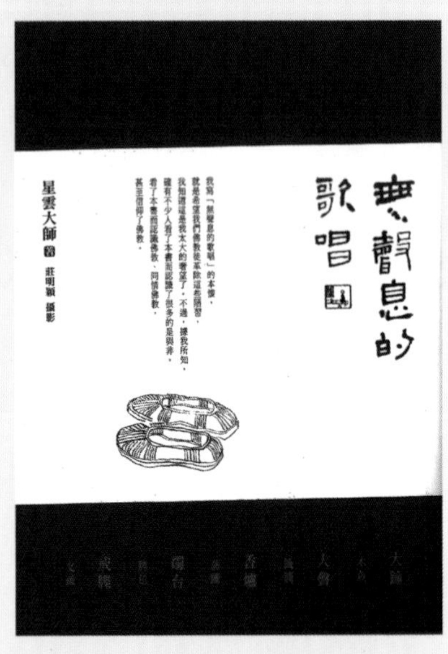

大師寫作甚早，剛到台灣時，圓光寺的妙果老和尚派他到苗栗法雲寺看守山林三個多月，就在那只能一人容身的草棚中，他寫了第一篇佛教法物的散文──大鐘。這本以「物語」體例寫就的小書，包括大磬、香爐、蒲團、佛珠、海青、香板、僧鞋、寶塔等二十篇，曾於《覺生》月刊、《菩提樹》雜誌連載，慈航法師閱後，特地託人帶了一筆款子，敦促他早日結集出書，這就是現在的《無聲息的歌唱》。

左｜1953 年 7 月，佛光文化初版

右｜2010 年 7 月，香海文化重編再版

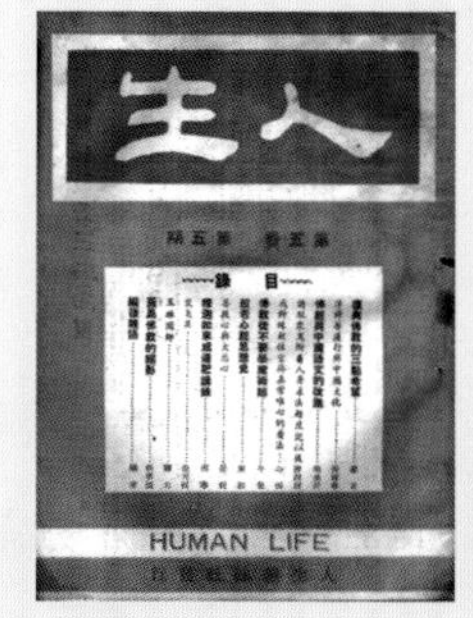

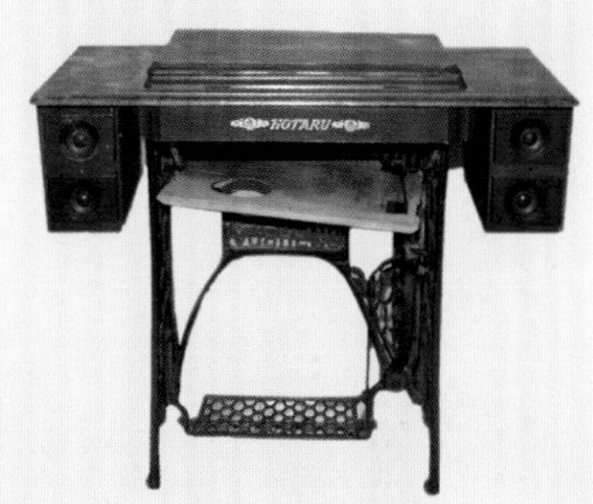

左｜1954 年大師著作《釋迦牟尼佛傳》出版，此書以白話傳記體書寫，簡潔易懂，也是佛教界第一本精裝佛書。

中｜大師用「今覺」、「摩迦」、「腳夫」……等筆名，為自己所主編的《人生》雜誌撰稿。

右｜當年大師在雷音寺斗室中，就是藉助這台小小裁縫機，寫下了《玉琳國師》與《釋迦牟尼佛傳》。

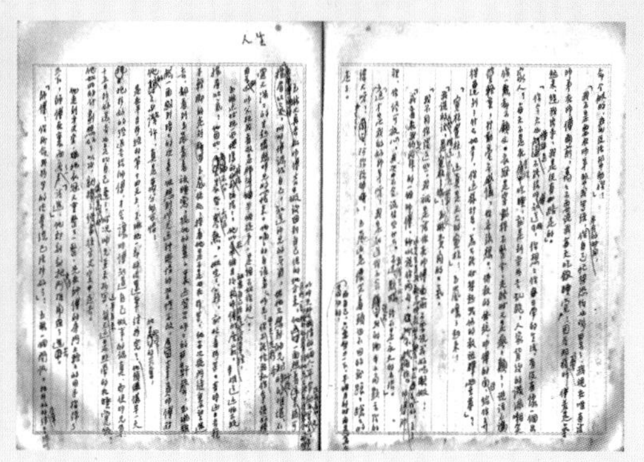

大師著作《玉琳國師》與手稿。

1952 年大師主編《人生》雜誌，為了豐富雜誌內容，他於編務、弘法之餘，每晚伏案於宜蘭雷音寺的斗室中寫作，陸續在《人生》雜誌連載，後來結集出書。

多年後，大師到高雄創建佛光山，就是藉助《釋迦牟尼佛傳》、《玉琳國師》及《普門品講話》等文化出版的力量，才得以買下佛光山麻竹園現址，故而今日佛光人總說：「佛光山是以文教起家的！」誠乃所言不虛。

大師筆耕不輟，早已超過了「著作等身」，不但出版了一本本、一套套的人間佛教思想叢書，他的書且被翻譯成英、日、韓、泰、印、法、德、西班牙、葡萄牙等二十多國語言，在世界各地廣為流通。他覺得有時間寫作、讀書、課徒，才感覺到人生的樂趣。

2000 年 4 月 1 日大師創辦《人間福報》，並連續三年在頭版發表「迷悟之間」專欄文章。透過此專欄，他把多年來對佛法的體悟，化為一篇篇指引人生方向的應世之作。總數一千一百二十四篇的專欄文章，後來結集成套書《迷悟之間》。很多讀者閱後深受啟發，在生命裏發揮了很大的力量。

（下圖為大師於巴西主持葡文新書發表會）

學說圓成

大師一生致力於弘揚人間佛教，他所有的講經說法、文字般若、弘法活動、公益慈善……等，都是為了度眾接近佛教，行佛所行，做佛所做，共同創造現世的人間淨土，一起營造幸福安樂的人生。如今半個多世紀過去，人間佛教不但扎根於台灣，而且開枝散葉於五大洲，成為一門引領時代思潮的「思想學說」，受到舉世的推崇與研究。

星雲學說與實踐

滿義法師 著

星雲學說與實踐

目錄

【導讀】

人間佛教的繼往開來

——讀《星雲學說與實踐》

高希均

（一）「星雲學說」問世

今年（二〇一五年）春天，星雲大師弘法逾六十年，滿義法師繼二〇〇五年發表《星雲模式的人間佛教》一書之後，盡十年之力，又完成《星雲學說與實踐》這本更重要的著作。「星雲學說」的提出，將會是佛教發展史上一本承先啟後的著作。在「學說」與「實踐」的相互輝映中，它樹立了人間佛教對人類貢獻的里程碑。

半世紀以來，大師對人間佛教的理論不斷地在探索、構建、驗證；也持續地在應用、推廣、革新。大師在序言中謙稱：人間佛教不是他或太虛大師等創立，探本究源應是釋迦牟尼佛的學說。

「學說」是重要發現的理論架構，具有統合性、開創性、趨勢性、驗證性的特質。「星雲學說」就是針對人間佛教的緣起、發展及實踐所提出的立論。

這本大家等待已久的著作，正是大師半世紀來苦思與實驗人間佛教的心路歷程。它歸納了大師一生對佛學理論的思辯與創見，以及實踐上的相互擴散。透過滿義法師的佛學素養，嚴謹的求證注釋與清晰的思路與文字，讀者很容易親近這本著作。

細讀這本新著，讀者終於能了解為什麼星雲大師會被海內外人士共同認為是經濟發展中，另一個「台灣奇蹟」；社會變動中，另一次「寧靜革命」；更是二十一世紀「中國崛起」外，華人世界另一種「和平崛起」。

（二）十年前提出「星雲模式」

十年前「模式」一詞的運用，正符合當時知識經濟的興起。

在知識經濟時代的企業運作中，模式（model）是另一個關鍵詞。「模式」選擇的對錯，決定公司盈虧。高科技企業界領袖有時興奮的說：「本公司已經找到可以盈利的新商業模式（new business model）。」或者聽到另一種藉口：「公司之所以虧本，就是選錯了商業模式。」因此，「模式」就是指決定運作成敗的一套方法、一個過程、一種組織、一種判斷。

滿義法師根據大師的著作及言行，寫成《星雲模式的人間佛教》一書，指出推動人間佛教的四項特色：

一、說法的語言不同。
二、弘化的方式不同。
三、為教的願心不同。
四、證悟的目標不同。

在每一個大項目下，又以眾多實例來闡釋。

「不同」即是「特色」。「星雲模式」的人間佛教，共有三十二項「特色」，贏得了海內外的信眾及民眾的信任。

(三)「星雲學說」的四項論述

使我驚喜的是當我閱讀《星雲學說與實踐》時，從「緒論」開始，就充滿了可讀性與吸引力。雖然自己對博大精深的佛學所知太少，但大體上還能有所領悟。書中不斷引證佛學理論，又不斷注入人間佛教的實踐例證，使讀者領悟：是這樣的知行合一，才使得半世紀以來，大師能夠在海內外引領時代思潮，走向擴增人生的幸福與安樂。「星雲學說」是建構在「四項論述」之上：

(1)**「佛性平等」**：學說的立論根本。
(2)**「緣起中道」**：學說的真理闡揚。
(3)**「自覺行佛」**：學說的修行落實。
(4)**「轉識成智」**：學說的目標圓成。

大師認為：「佛性平等」是佛法的核心，當初佛陀成道時，曾發出「大地眾生皆有如來智慧德相」的宣言，宣示眾生都有佛性，都應該享有「平等」的生存權利，都應該被平等對待。

佛性人人本具，佛性是不生不滅的永恆存在；相對的，世間一切都是因緣所生法，隨著緣生緣滅而示現「苦空無常」，因此我們在面對現實的人間生活時，要有「緣起中道」的智慧；能夠了悟「緣起性空」的諸法實相，從而建立「空有一如」、「真俗不二」的中道思想觀，並且落實在日常生活中，透過「自覺行佛」的實踐，最後才能「轉識成智」，才能圓滿生命。

本書前面的附圖對「星雲學說」與實踐提出了簡明清晰的圖解，有助於讀者理解學說之脈絡及實踐的範疇。

滿義法師歸納了大師提倡人間佛教思想特色：大師主張的「八宗兼弘」，既不偏於「唯識」，也不是只重「唯心」，而是強調「心物合一，法界圓融」；因此，大師的人間佛教思想內涵，除了義理論述的「佛性平等」（法界）、「緣起中道」（法性）、「轉識成智」（法相）之外，又有修行實踐的「自覺行佛」（法儀）。

這就是說，星雲大師所弘揚的人間佛教，既有根本佛法的思想理論，又有大乘佛教的實踐之道，其嚴謹的思想內涵及組織架構早已形成一門體系完備的「思想學說」。

（四）「學說」導引下的求新求變

這本新著可以解釋多年來大家在思索而似乎難解的問題：

- 星雲大師如何以其智慧，把深奧的佛理變成人人可以親近的道理？
- 星雲大師如何以其毅力，再把這些道理變成具體的示範？
- 星雲大師又如何會有這樣的才能，把龐大的組織管理得井然有序？
- 星雲大師又如何會有這樣的胸懷，在五十八歲就交棒，完成佛光山的世代交替？又如何在交棒之後，再在海內外及大陸另創出一片更寬闊的佛教天空？

- 星雲大師又如何以其願力、因緣、德行，總能「無中生有」，創辦國內外五所大學，又能把佛教從一角、一地、一國而輻射到全球，特別是中國大陸？

大家想知道的答案，在過去相關大師的著述中，已獲得了不少線索。現在從這本新著中終於有了一個更完整的宏觀解釋。

那就是因為大師對人間佛教的理論有深邃的領悟與信心，因此就能在「不變」之中「求新」「求變」「求突破」，也就能改革陋習，擺脫守舊，走一條與傳統宣揚佛教不同的道路。

滿義法師對大師說法時的神情、態度、開明、機智、熱情、方法……有生動的敘述。他說：大師——

- 詮釋佛法的語言很人性化，他的佛法沒有教條，也不標榜神通靈異，親切的從人的立場出發，獲得啟示與受用。
- 說法善於舉喻說譬，常利用故事、公案，藉以詮釋深奧的道理，令人心開意解。

- 說法理路清晰，前後有連貫性，簡潔扼要，不會離題漫談。
- 說法機智幽默，一句話就常能回答一個難解的問題。
- 言行一致，一生信守承諾，所開示的佛法都是自己躬親實踐過，所以說來令人信服。
- 講話圓融，客觀中肯，總能令舉座皆大歡喜。
- 為人慈悲厚道，從小就學習「口邊留德」，不責怪別人，溫厚的性格，總是令人如沐春風，凡是與之接觸過的人，無不被他的誠意感動。
- 將信仰與事業結合，使信仰佛教的人口逐漸「年輕化」、「知識化」，改變過去一般人對佛教的觀感。
- 首開興辦活動之風氣，透過「多元」活動，發揮「寓傳教於活動」的弘法功能，讓佛教走向社會，改良風氣，再走向國際，讓五大洲因佛光山而認識中華文化。

（五）「人間性格」增進「人間紅利」

人間佛教有了「學說」的根據，有了「實踐」的方法，又有一位擁有空前群眾魅力的星雲，佛光山的影響自然無遠弗屆。

大師的弘法歷程起自棲霞山寺受戒，在宜蘭窮困中起步，從高雄佛光山立足，帶領徒眾出發，以無比的信心與智慧，一步一腳印，把人間佛教傳播到世界各地。其中最關鍵的一個原因，即是這位揚州和尚擁有與生俱來的「人間」性格。這個無限遼濶又融入眾生的「人間」性格，充滿了說服力、執行力。再延伸出、放射出、推展出無人可以同時兼有的大眾性格、文化性格、教育性格、國際性格、慈善性格、菩薩性格、融和性格、喜悅性格、包容性格。

大師的「人間性格」特質，還散佈在他多年來的文字與言談之中。包括了他有「捨我其誰擔當」（如四月一日起在《人間福報》發表的「貧僧有話要說二十講」），有「不忍聖教衰，不忍眾生苦」的宏願，有「以無為有，以空為樂，以眾為我，以教為命」的無我，有「鍥而不捨，永不灰心，永不退票，永不休息」的毅力，有「與人為善、從善如流，不記仇，不懷恨」的心胸，有「善觀因緣，與時俱進，前瞻未來，勇於革新」的遠見。

因此，佛光山自開山以來，不分地區、膚色、年齡、性別、教育、所得、甚至宗教，堅持以融和與喜悅之心，推動文化、教育、慈善、共修、公益、社教等的事業與活動，打造「安樂富有」的人間淨土。

這正是我近年來嘗試把佛光山的貢獻涵蓋為「人間紅利」這個概念。

「紅利」（dividend）本是一個商業名詞，形容「資金的回收」。自從西方世界八〇年代出現「和平紅利」（Peace Dividend）一詞後，已被廣義地解釋為：增加人民及社會福祉的政策，所能帶來有形及無形的回饋、利益、好處等。如以和平替代戰爭為例，則個人生命、時間、國防支出、資源浪費等就可移做更好的使用。

因此大師推動的人間佛教所提倡的理念，即以「做好事、說好話、存好心」而言，已經帶給海內外無數的信徒、民眾，以及各界領袖珍貴的「紅利」——這種無形財富可以包括人格昇華，邪念改正，善良提倡，財富分享，鬥爭減少……。

再以今年三月博鰲亞洲論壇為例，大師在主題演講中，提出現代社會需要佛教做出四個貢獻：佛教希望——

（1）**人我和諧，不對立**；
（2）**同中存異，不異中求同**；
（3）**中道緣起，相互尊重**；
（4）**和平共存，不要戰爭**。

大師提倡的入世的、與人民生活福祉結合的人間佛教，為世人帶來的難以估計的「紅利」是為「人間紅利」。

（六）經濟學大師熊彼德的話

二十世紀大經濟學家熊彼德在一九五〇年去世前，曾對彼得・杜拉克父子講過這麼一段傳誦後代的話：「人們若只曉得我寫了幾部著作及發明一些學說，我認為是不夠的。如果沒有改變人們的生活，你就不能說改變了世界。」

大師六十年來所提倡的「人間佛教」已經改變了人們的生活，也已經改變了這個世界；正像一場「寧靜革命」，已在海內外「和平崛起」。

十六年前我就形容大師是：

- **一位果斷的、身體力行的改革家。**
- **一位慈悲的、普及佛理的創意家。**
- **一位博愛的、提倡融和的宗教家。**

此刻還要增加一項：

- **一位增進「人間紅利」的慈善家。**

二〇一五年四月

（作者為美國威斯康辛大學榮譽教授暨遠見・天下文化教育基金會董事長）

【序】人間佛教的再闡述

星雲大師

滿義法師現在是佛光山人間佛教研究院的研究員，過去在佛光山法堂書記室幫我記錄文章，像在《人間福報》刊登的「迷悟之間」、「人間萬事」等，總共十餘年的時間，他從來沒有讓我間斷過一天。這許多文章結集出書之後，在馬來西亞、新加坡等各大報紙紛紛轉載，並有中國大陸的中華書局、浙江人民出版社等多家書店相繼出版，雖不敢說「洛陽紙貴」，但文字的傳播能獲得普遍讀者的喜愛，也算是難能可貴的事了。

因為滿義法師跟隨我的時間很久，對我倡導人間佛教的旨意了然於心，多年前他曾寫了一本《星雲模式的人間佛教》，高希均教授特別為之作序，並由天下文化隆重出版。

這一本著作，我也自覺他對我弘揚人間佛教有很深刻的了解。最近他在工作之餘，又寫了十餘萬言的《星雲學說與實踐》；新春期間，高教授與名作家余秋雨教授來山，知道滿義法師有了新的作品，歡喜不已，一直商請要把這篇稿子在天下文化出版。

我平日裏，每見到徒眾有著作出版問世，總是給予鼓勵。現在這本《星雲學說與實踐》，是滿義法師感於我多年來弘揚人間佛教，由於我一向秉持「佛法要說得讓人能懂、能受用，才有價值」的信念，因此平時不管為文寫作，或是講經說法，總是利用一些故事、譬喻，或是生活性的事例，希望把艱澀難懂的佛法，儘量說得生動、淺顯，讓人能會意、能了解、能接受，如此才能讓佛教確實落實在人間。

只不過「通俗性」的佛法平易好懂，卻因此讓一些人認為「人間佛教」沒有學術性的深度。另外，我覺得佛教在人間最大的意義，應該是要能解決社會人生的問題，要對人心的淨化，以及人類福祉的創造有所助益，如此才有存在的價值，而不是只有空談理論而已。為此，多年來我創辦許多文化、教育、慈善、共修，乃至公益、社教等事業與活動，甚至推動「三好」、「四給」、「五和」、「七誡」、「慈悲愛心人」等淨化人心的社會運動，本著「以出世思想，做入世事業」的精神，希望能為普世建設一個「安樂富有」的人間淨土。

但是對於這些積極入世的作為，卻又引來某些人批評說人間佛教只有實踐，沒有思想理論。對於這種偏頗的言論，我並不會太介意，因為我很清楚自己所弘揚的人間佛教，就是直承佛陀「示教利喜」的本懷，人間佛教不但有佛陀的聖言量做為理論依據，而且有具體可行的實踐之道。

例如，佛陀成道時說「眾生皆有佛性」，我因此鼓勵信徒要直下承當「我是佛」，唯有大家把自己內在的真如佛性開發出來，才能做自己的主人；我引述《心經》的「色即是空，空即是色」，把向來被人誤解的「四大皆空」說為「四大皆有」，希望大家都能體證「空有一如」的般若智慧，人人都能過著不偏苦樂、不執有無的中道生活；我把最初的根本佛法「四聖諦」，與大乘佛教的「四弘四願」結合起來，成為人間佛教重要的精神內涵與實踐之道，因為學佛不光只是了解真理就好，還必須要有願力、修行和實踐，才能達到人生的解脫之境；我根據佛陀開示「四依止」的真義，強調學佛不僅要「依智不依識」，還要進一步「轉識成智」，如此才能圓滿生命，所以人間佛教一向都很重視文教弘化。

滿義法師根據我的這些思想理念，他肯定人間佛教已經自成一門「解行並重、事理圓融」，是可以引領時代思潮、能夠幫助眾生圓滿生命的「思想學說」，因此他以「佛性平等的立論根本、緣起中道的真理闡揚、自覺行佛的修行落實、轉識成智的生命圓滿」等四大綱目，把人間佛教的理論與實踐做了體系性的整理。

這本書雖然名為「星雲學說與實踐」，但其實「人間佛教」並不是我星雲所創新的學說，當然也不是太虛大師或六祖慧能大師等人所創立；探本究源，人間佛教應該是釋迦牟尼佛的學說。只是過去奉行佛教的人，大都把這麼美好、實用的人生哲學藏之於山林，或是束之高閣，只供學者作為研究的資料，而未能普及於社會。

現在我本諸時代思潮所趨，深感在人心動盪、迷惘不安的當代社會，急需要有人間佛教作為指引，以為現代人找出安定身心的妙方。所以多年來我也為人間佛教寫過數百萬言的論文，其中有滿義法師幫我記錄的也不少，如今都由香海文化結集出版成為《人間佛教叢書》，這應該也算是當今社會所需要的明燈。

過去禪宗有謂「千年闇室，一燈即明」，現在滿義法師這本新作《星雲學說與實踐》的出版，希望可以對當代人心的安定與迷惘的破除，提供些微的貢獻。

高教授要我為此書寫一篇序文，就以此聊作交代。

星雲

二〇一五年四月　于佛光山

緒論——引領時代思潮的人間佛教思想學說

早在半個世紀前，著名的英國歷史學家湯恩比博士（Arnold Joseph Toynbee，1889-1975）即曾預言說：「二十一世紀是中國人的世紀。」這句話證之於今日中國崛起，可謂真知卓見，所言不虛。不過，如果換個角度來看，廿一世紀何嘗不可以說是「人間佛教」的世紀，因為也是在近幾十年來，「人間佛教」就像一股旋風，已經從台灣風起雲湧的席捲全球。

放眼今日，不只海峽兩岸，乃至香港、馬來西亞、新加坡、泰國、日本、韓國，以及歐、美、澳、非等五大洲的佛教界，紛紛高舉「人間佛教」的旗幟，正如畢生以弘揚人間佛教為職志的佛光山開山星雲大師所說：「人間佛教的號角已經在世界各個角落響起，人間佛教的宣揚已經受到普世人類的認同，人間佛教的普及已經近在眼前了，這是無庸置疑的事實。」1.

現在舉世之間，不僅佛教界的寺院道場相繼在推動，甚至一些不同宗教信仰的團體與人士，也因認同人間佛教的宗旨理念，經常參與、協辦各種活動；由於宗教界敞開胸懷，彼此友好、融洽的互動、交流、往來，透過「人間佛教」

共創祥和歡喜的人間社會，因此造就出前所未有的「宗教融和」的美好景象[2]。

另外，近年來學術界更是不斷舉辦一場又一場的「人間佛教學術研討會」，可以看出，人間佛教已然打破種族、信仰、地域、時空等藩籬，實際走出寺院，融入社會，徹底落實在人間，因此受到舉世大眾的關注與學者的研究。

尤其人間佛教深耕於台灣，在台灣人間佛教早已走進家庭，與民眾的生活融為一體，普遍受到社會各階層，包括教育、文化、政經、學術界，乃至工商企業、媒體及一般市井小民所重視；一時之間，「人間佛教」已經成為當代最為膾炙人口、且為普羅大眾都能朗朗上口的專有名詞。

1.《人間佛教叢書》第一集《人間佛教論文集》下冊——〈人間佛教的藍圖〉，星雲大師著。

2. 星雲大師一生力促「宗教融和」，他希望透過宗教慈悲與博愛的精神，共同致力世界和平，為人類創造一個無有恐怖與憂惱的生存環境。多年來大師所作的努力，已經達致極大的成效，例如二〇一一年八月三日，為慶祝「中華民國建國一百年」暨紀念「八二三砲戰五十三周年」，由文建會發起、國際佛光會承辦的「愛與和平宗教祈福大會」，特假佛光山佛陀紀念館舉行。當天共有來自海內外三萬多名各宗教人士參加，活動除了播映「回顧與展望宗教百年」紀錄片外，也安排各宗教禮讚和平的藝文表演，最後並由馬英九總統及各宗教領袖，包括星雲大師、天主教單國璽樞機主教，以及道教、一貫道、基督教、天主教、回教、軒轅教、天帝教、天理教等各宗教領袖與代表，共同宣讀祈願文及點燈，一起許下愛與和平的心願。現場溫馨祥和的氣氛，讓與會大眾感動、稱頌不已，咸認這是宗教界展現團結與融和的最佳典範。

人間佛教立足人間，關懷生命

「人間佛教」為什麼能深植人心，並且蔚為風潮，形成一門舉世共同關心、研究的顯學？

究其原因，「人間佛教」在星雲大師數十年來全面弘揚推動下，已經徹骨徹髓地改變過去佛教對社會的功能與定位。現在的人間佛教既是一種可以指引人類未來生命大方向的「宗教信仰」，也是一門契合時代需要，可以圓融應用於生活，能夠為現實人生營造幸福與安樂的「思想學說」。而這正是星雲大師數十年來，針對過去傳統佛教為人垢病的種種弊端，加以改革導正後，透過「文化、教育、慈善、共修」等各種管道的多元弘化，實際發揮佛教濟世利人的功能，因此普受世人的接受和認同，故而佛教得以重新落實在人間，成為真正名副其實的「人間佛教」。

換句話說，人間佛教是立足人間、是重視生活的佛教，人間佛教旨在「創造家庭的幸福，創造社會的平等，創造政治的民主，創造心內的淨土」[3.]，所以星雲大師為人間佛教訂出四個宗要：「家國為尊，生活合理，人間因緣、心意和樂」[4.]。

大師主張，人間佛教雖然是從淨化心靈的根本之道做起，但並不因此而偏廢物質方面的建設，而是教人以智慧來運用財富，以出世間的精神來做入世的事業，從而建立富而好禮的人間淨土。[5] 為此，佛光山數十年來不斷創辦各種弘法事業與活動，就是希望藉著有相的作為來傳達無相的法音，讓佛法落實在人間，成為生活的依據，成為人生的指南，祈能透過佛法來莊嚴「依正二報」[6]，不只提升人性的真善美，共創現世的人間淨土，更希望未來一切眾生都能同登彼岸，圓滿生命。

由於星雲大師多年的積極倡導與弘揚，今日人間佛教可以說不但有具體可行的實踐法門，而且思想論述豐富，實已自成一門「解行並重、事理圓融」，能夠應用於當代社會，真正為普世人類創造福祉的思想學說。此中尤以大師多年來倡導的「歡喜融和、尊重包容、同體共生、平等和平、自然生命」，乃至「環

3.《人間佛教叢書》第三集《人間佛教語錄》，星雲大師著。

4. 二〇一四年十二月十三日，大師在佛光山為參加第二屆人間佛教座談會六十位學者，以及國際佛光會中華總會二〇一四會員代表大會與會代表逾兩千人開示時，為人間佛教所定下的思想宗旨。

5.《人間佛教叢書》第三集《人間佛教語錄》，星雲大師著。

6. 依報指國土世間，即有情依託之處所；正報指眾生世間，即能依之有情。（佛光大辭典）

保護生、義工服務、化世益人、發心發展、自覺行佛」[7]等，這些善美的思想理念與社會運動，已經成為舉世共尊、共弘的價值觀，無形中都在引領著時代的思潮，成為普世人心之所向。

尤其，人間佛教不但對世道人心的淨化、對和諧社會的增進，乃至對世界和平的促進有所助益；人間佛教更是超乎一般世間的思想學說，他除了關照現實人生的「生活」問題，對於「生從何來，死往何去」的「生死」迷惑，乃至什麼是「生命」？生命的意義、價值何在？如何「活用」生命才能超越生死，最終獲得究竟解脫與圓滿自在？這些與「生命」相關的人生課題，人間佛教都能透過「緣起中道」等佛法真理，以及「自覺行佛」等修行法門來提供解答與實現之道。

所謂「生命」，星雲大師說：「生命不是出生以後才有，也不是死亡就算結束；生命是無始無終，生命是無內無外。生命是活力，是活用，是活動；生命要用活動、活力、活用來跟大家建立相互的關係。」[8]

也就是說，生命包括「生」與「死」，生死是人生的兩大課題，但是古今中外的各種思想學說，大都只重視現世「生」時各種生存條件的改善與生活品質的提升；相形之下，傳統佛教則把希望寄託在「死」後未來世界的追求。

然而人間佛教不但關心未來「死」後的歸宿，人間佛教更重視當下有「生」之年，如何藉助佛法的智慧指導，好好「活用」生命，透過服務奉獻、發心利人，把「小我」融入「大我」，與其他生命建立「同體共生」的因緣關係，讓自他的生命在因緣成就下，不斷淨化、昇華、擴大，終而找回人人本具的佛性，這才是吾人永恆不死的生命，也是生命的究竟圓滿。這不但是「人間佛教」異於其他思想學說之所在，也是本書所要探討的「星雲大師的人間佛教思想學說」（以下簡稱「人間佛教星雲學說」）之重要精神與內涵。

7. 星雲大師於歷屆國際佛光會會員代表大會所發表的主題演說，後結集出版為《當代人心思潮》，現收錄於《人間佛教叢書》第一集《人間佛教論文集》。

8. 《人間佛教論文集》第二集《人間佛教當代問題座談會》——〈佛教對「生命教育」的看法〉，星雲大師著。

現證法喜安樂，建設五和人間淨土

首先針對「生」時而言，人生在世，最大的希求莫如「幸福安樂」，而星雲大師弘揚人間佛教，就是希望大家都能「現證法喜安樂」[9]，也就是現世就能過著幸福美滿的生活，而不是把希望寄託在死後才要往生淨土。

「幸福安樂」是世人共同追求的美好希望。然而我們眼看著現實人間，到處都有水、火、風災，乃至地震、海嘯等天災不斷，造成人命重大傷亡。另外，國與國之間總是對立、衝突不斷，人與人之間更是勾心鬥角、爾虞我詐，甚至為了一己之利，往往泯滅良知，不惜傷生害命，損人利己，可以說人為的禍患也是無日無之。

除了外在的天災人禍之外，源自內心的貪瞋癡煩惱，更是擾亂得人不能安寧。現在隨著時代進步，雖然少部份落後地區，人民仍然飽受饑寒之苦，但在多數先進的國家裏，物質生活都是普遍豐裕。只不過外在的物質越豐盛，人們內在的心靈並未隨之昇華、富足，反而因為現代科技發達，造成人際疏離，許多人精神苦悶，不但罹患憂鬱症、躁鬱症，甚至價值觀產生偏差，導致道德淪喪、人格分裂等。加之現代的毒品氾濫、網路犯罪、家庭暴力、人口老化，以及同性戀、安樂死、基因複製、試管嬰兒等社會問題層出不窮，在在都考驗著現代人的智慧與忍受度，同時也印證了佛經所說，娑婆世界是個充滿苦難的「堪忍」世界。

儘管娑婆世界苦難重重，但是星雲大師認為，「世界上再多、再大的問題，除了一些不可抗拒的天災以外，都是源於人為的因素所造成，因此如何突破困境、如何解決世間的問題，唯有靠人類自我覺醒。」[10] 而佛法正可以啟發人類本自具足的真如佛性，能夠使人轉惡為善、轉迷為悟，只要世間普羅大眾都能接受佛法的教化，那麼人際互相尊重、互相愛敬、互相包容，進一步推演開來，則政治清明、社會安定、家庭和諧、人民安樂的美好願景，自然也是指日可期。

人間佛教這幅美好的藍圖與願景，早已在星雲大師的心中建構、規畫完成，大師立意為人間社會創造一個「自心和悅，家庭和順，人我和敬，社會和諧，世界和平」[11] 的五和人間淨土，因此他提倡人間佛教，旨在把佛陀所開示的教法，諸如緣起、中道、因果、業力，乃至三法印、四聖諦、無常苦空、戒定慧三學等義理，透過平易淺顯、積極正向的宣揚，使能契應眾生的根機與人間的需要，讓普羅大眾都能正確、真實的認識佛教，繼而把慈悲、忍耐、歡喜、結緣、感恩、慚愧等佛法實踐在日常生活中。

9.《佛光世界》——〈佛光會員信條〉，星雲大師著。

10.《佛教叢書‧儀制》——〈佛化家庭篇〉，星雲大師著。

11.《百年佛緣‧行佛篇2》——〈我推動人間佛教〉，星雲大師著。

離苦得樂的「生活寶典」

大師認為，「佛教」本來就是佛陀對人間的教化，佛陀所開示的一切法，都是宇宙人生的真理，佛教的三藏十二部經，其實就是一部指導人生方向的生活寶典，是能夠幫助世人解決現實人生所面臨的各種困境與難題的智慧，包括「我與物質、我與他人、我與自身、我與內心、我與欲望、我與見解、我與自然」[12]等關係不調和所帶來的煩惱痛苦。人生只要能把現實生活的各種難題、困境解決，只要能從無明煩惱的痛苦深淵裏解脫出來，自然能活得歡喜、活得自在，這就是一般佛教徒所謂的「離苦得樂」。

「欣樂厭苦」是人的本性，但是如前所說，「苦」是世間的實相，除了「國土危脆，三界無安」之外，人生在世，誰都免不了有生老病死、愛別離、怨憎會、求不得、五陰熾盛等種種的苦；當初佛陀證悟成道後，初轉法輪所開示的「四聖諦」，就是「苦、集、滅、道」四種人生的真理。

佛陀開示「四聖諦」，主要是告訴我們：人生的實相是「苦」（苦）；但苦有苦的來由，苦的原因是凡夫眾生無明造作，聚「集」了業報招感而有（集）；因此吾人只要在生活中實踐八正道等佛法（道），把苦的因緣去除，把人人本自具足的佛性顯發出來，自能證得不生不死的寂「滅」之樂（滅）。

由此可見，佛陀說苦並非目的，佛陀只是告訴世人苦的原因，以及如何離苦得樂的方法，其真正目的是為了「示教利喜」。因此大師強調，佛教並非如一般人所誤解，以為佛教整天只是說苦、說空，認為佛教是悲觀消極，是充滿出世思想的遁世之教；相反的，佛教對人間其實最為關懷，佛教是積極入世，是導人邁向「極樂之境」的歡喜快樂之教。13.

只不過凡夫眾生在業報未除、尚未修行證道之前，所感受的人間本來就是「苦樂參半」。甚至對某些人而言，人生是「苦多於樂」，乃至「苦不堪言」，所以有人比喻人生像一杯苦酒，也有人形容人生像苦海；在充斥著「二苦、三苦、八苦」等無量諸苦交迫的茫茫苦海人生裏，如何才能「離苦得樂」，甚至如何進一步「自覺覺他」，推己及人的幫助別人也能同享幸福安樂的生活，讓自他的生命從發心利人、服務奉獻的菩薩道實踐中，活出價值，活得有意義，最終在佛法裏圓滿生命，找回永恆不死的真如佛性，獲得「覺行圓滿」的涅槃解脫之境，這就是人間佛教的宗旨所在。

12.《人間佛教叢書》第一集《人間佛教論文集》上冊——〈人間佛教的戒定慧〉，星雲大師著。

13.《佛教叢書・儀制》——〈佛教育樂篇〉，星雲大師著。

結合「信仰」與「生活」

過去的佛教，有些人只講究自我修行、自我了生脫死，因此讓佛教被人詬病為遁世的宗教。但是大師認為，人到世間就有生命，有生必然有死，因為有生死，所以世間有種種的煩惱痛苦，所以不能圓滿；如何才能超越諸苦，如何才能圓滿生命？就是要從生活中實踐利行，讓生命充份發揮功用，就如蠟燭燃燒自己，照亮別人，所謂「蠟炬成灰淚始乾」，蠟燭最後雖然熔化了、沒有了，但生命的意義就在「於世有用」、「於他有利」之中實現了、圓滿了，因此大師主張：「給人利用才有價值」[14]。

大師認為，「生命的意義在於服務大眾，生命的價值在於成就大我」[15]；也就是說，生命要能「有用於人」，要能「有益於世」，如此才能體現生命的意義和價值。所以人間佛教要人發菩提心，要以服務奉獻、發心利人為修行，從「自覺與行佛」[16]的實踐中，才能圓滿自他，這就是人間佛教不同於過去，也是人間佛教可貴之處。因此大師強調，人間佛教的行者要有「因緣觀」[17]、「般若智」[18]、「平等心」[19]，尤其要有「菩提願」[20]，這四者一直是「人間佛教星雲學說」很重要的精神內涵。

14. 《往事百語》（四）——〈給人利用才有價值〉，星雲大師著。

15. 《人間佛教叢書》第二集《人間佛教當代問題座談會》——〈佛教對「自殺問題」的看法〉，星雲大師著。

16. 《當代人心思潮・國際佛光會主題演說》——〈自覺與行佛〉，星雲大師著。

17. 大師認為，因緣是宇宙的真理，懂得「因緣」即明白真理，有因緣觀才能把握真如的理體，所以弘揚人間佛教的行者要有因緣觀。（《人間佛教叢書》第三集《人間佛教語錄》，星雲大師著）

18. 大師認為，般若是諸佛之母，有般若才能圓滿六度萬行，有般若才能究竟解脫；人生有般若，就能生活自在，縱使遭遇再多的難堪、災難，都能在一念間，遇苦不憂；善用般若思想，哭婆變笑婆，一個轉念，苦難的人生就成為般若的人生，所以弘揚人間佛教的行者要有般若智。（同上）

19. 大師認為，現在舉世都在追求自由、民主與平等，佛教的事理平等、性相平等、自他平等、怨親平等、生佛平等最為究竟；今日世界所以不能和平，就是因為不平等；唯有平等，才有真正的和平；「平等心」是人間佛教的重要思想與內涵，所以弘揚人間佛教的行者要有平等心。（同上）

20. 大師認為，菩提心就是「上求佛道，下化眾生」，離開菩提心即為外道，沒有菩提心是為焦芽敗種，離開菩提心所做的一切事業是為世間法，所以弘揚人間佛教的行者要有菩提願心。（同上）

另外，即使到了現在，佛教仍然存在著一種奇特的現象，就是上智的人研究佛學，但是不信佛教；下愚的人拜拜，尊敬佛教，但是不了解佛教。對此大師主張，「我們不可以把佛法全然當成學問來研究，佛教是一種宗教，應該把它融會在我們的日常生活裏，要把我們所信仰的佛法與生活打成一片。21.」所以大師主張，把佛法應用在生活中，就是人間佛教的修行。例如，吃飯，青菜蘿蔔、粗茶淡飯，都能感到很感恩、很滿足，這就是人間佛教的修行；穿衣，只要樸素淡雅、莊嚴得體就好，不必奢求華麗、名貴，這就是人間佛教的修行。22.

人間佛教的修行，就是要在生活中實踐佛法，例如佛教講「發心」，只要我們的慈悲心生起了、慚愧心修好了、菩提心萌芽了，就是修行；佛教講「勤修戒定慧，息滅貪瞋癡」，只要我們實踐三好，時時身行好事、口說好話、心存好念，把身口意三業淨化，這就是人間佛教的修行。

因此，在人間佛教裏，奉行「五戒十善」，廣修「四攝六度」，固然是修行；能在日常生活中對人慈悲、尊重、包容，乃至與人為善、廣結善緣，隨時隨地給人信心、給人歡喜、給人希望、給人方便，這也都是人間佛教的修行。

大師感於「佛教」與我人的日常「生活」有密不可分的關係，人不能一天離開生活，而生活裏需要有佛法的指導，只要我們能奉行佛法，生活就有意義，心靈就能擴大，精神就能豐富，道德就能提升，人格就能昇華，智慧就能增上，生命就能圓滿。23.所以人間佛教對人生的關懷，有近程、中程、遠程的目標；就像人生在世，首先要有豐足的「物質生活」來維持生命的基本需求，繼而要有「精神生活」來充實內在的心靈世界，甚至要有「藝術生活」來美化人生，最終還要有「信仰生活」來安頓身心，為生命找到一個永恆的歸宿。

為了有次第的接引人循序進入佛法堂奧，漸次圓滿生命，星雲大師把「世俗諦」與「第一義諦」融攝起來，一方面順應現實生活所需，舉凡「居家之道、理財之道、群我之道、保健之道、資用之道、治國之道、情愛之道、處事之道、信仰之道」24.等人間生活相關的議題，都做了明確的指導，讓人懂得運用佛法的般若智慧來解決人間的種種問題，包括煩惱的去除、身心的安頓、眷屬的和順、人我的和敬，乃至外在大環境的經濟要富足、政治要清明、社會要安定、民風要淳厚、世界要和平等，這些牽動人間生活的各種因緣條件與現實問題，人間佛教都能從緣起中道、因果業報、無常空觀等佛法義理的闡揚，幫助世人應用佛法的智慧來認識、面對、因應及解決。

21.《星雲大師講演集》第一冊——〈佛教與生活〉，星雲大師著。

22.《當代人心思潮・國際佛光會主題演說》——〈人間與生活〉，星雲大師著。

23.二〇一二年七月「佛光山徒眾講習會」，大師為徒眾開示。

24.《人間佛教叢書》第一集《人間佛教論文集》下冊——〈人間佛教的藍圖〉，星雲大師著。

信仰如「家」，生死皆有所依

除此之外，人能幸福安樂的生活固然重要，但是如前所述，活著只是生命的一部份，生命包括「生」與「死」，生死是人生的兩大課題。一般人大都只懂得關心生命的前半段，知道人生在世需要尋找一個安身立命的地方很重要；可是很少人會去思考，平時一個人出門在外，天黑了都知道要回家，當我們一期生命走到盡頭時，也需要有個家可以回去。然而我們「未來的家」在哪裏呢？

這是個既嚴肅又重要的人生課題，但是一般人不懂，因此很少有人會去正視它。對此星雲大師指出：「信仰」如同我們的家，信仰使我們的生命有所依靠，使我們的未來有個安身立命的地方[25]。大師認為，人生在世，「生要居處，死要去處；生要接受，死要準備。」[26] 生時有個家可以舒適的安居，死後有個善處可以放心的往生，都是同等重要，所以人只要有生死問題，就需要有信仰。

因為人有「生」與「死」的兩大課題要面對，而人間佛教既是一門人生哲學，能帶給我們足夠的智慧來處理現實生活，讓我們有生之年活得歡喜，活得自在；尤其人間佛教也是一種宗教信仰，能將生命之流的過去、現在、未來銜接，讓三世流轉的生命，透過對佛法真理的體證，建立起對佛教的理智信仰，讓我們有力量面對人生的橫逆，有智慧通往生命的真實世界，得以透徹了解生命的真諦，確切認識真實的自我，從而尋回自己本自具足的佛性，成為自己真正的主人，不再因為無明煩惱而起惑造業；甚至進一步懂得「行善培福，進德修慧」，如此「善業日增，惡業日減」，當八識田中的業識種子有朝一日得以完全淨化時，就能「轉識成智」，圓滿生命，獲得究竟解脫，而不再遭受生死輪迴之苦了。

也就是說，人間佛教不但能全面照顧到人的有生之年，包括生老病死等種種現實的人生問題；人間佛教尤其能解答生死迷惑，讓生命獲得究竟圓滿解脫。因此，真正說來，人間佛教其實就是一門「生死學」，就是一堂「生命教育」的課程。而這正是人間佛教所以能契合人生需要，所以能成為一門世人重視的「思想學說」的原因所在，這也是星雲大師所以發願弘揚人間佛教的主旨與目標。

25.《佛教叢書‧教用》——〈佛教與人生〉，星雲大師著。

26.《人間佛教叢書》第二集《人間佛教當代問題座談會》——〈佛教對「臨終關懷」的看法〉，星雲大師著。

奉獻畢生歲月，弘揚人間佛教

星雲大師一生奉獻佛教，他從十二歲出家後，就一直把弘揚人間佛教當成自己責無旁貸的使命。因此早在叢林「參學」[27.]時期，他就一面接受傳統的佛法教育自我養成，同時一面蘊釀、規畫，甚至在課餘之暇，透過編報、撰文等作為，實際展開他對現代化新佛教新理念的宣揚。

及至一九四六年，時年二十歲的大師從焦山佛學院畢業回到祖庭宜興大覺寺，他一面應聘擔任白塔國小校長，同時與最要好的同學智勇法師創辦《怒濤月刊》，積極宣揚興教救國之道。大師力主佛教需要改革，佛教必須走上現代化；為了除弊興教，大師發出如「怒濤」般的獅子吼聲，獲得大醒法師所主編的《海潮音》雜誌讚譽說：「佛教又多了一支生力軍！」[28.]

只是當時由於國共相抗，地方不寧，不但白天有國民黨軍隊出沒掃蕩，晚上也有共產黨的解放軍進出盤查；期間大師更曾被地方政府誤為通敵，入獄十天，幾乎遭到槍斃。

眼看著時局不安，宜興已非久留之地。幸而此時有南京華藏寺退位住持蔭雲和尚，因為看過《怒濤》月刊，對大師極為欣賞，因此就在一九四八年大師二十二歲時，接受蔭雲和尚之請，與智勇法師分任住持、當家，兩人一起共治華藏寺。[29]

當時為了推動新佛教，大師號召一批有理想、有共識的熱血僧青年，共同展開人間佛教的新生活運動。首先他為華藏寺訂定「新僧規約」，要求寺眾共同遵守，期能藉此引起他寺響應，共同為振興佛教而努力，不意卻遭到保守派寺僧的反對。[30]

後來隨著國共內戰爆發，接著和談破局，時局產生變化，大師於是在一九四九年春天率領「僧侶救護隊」到台灣。當時的台灣佛教，因為受到日治佛教與中國傳統佛教的遺風影響，一般出家人大都以從事經懺為業，或以清修自了為務，平時既沒有講經說法，也沒有濟世利人的活動與事業，故而佛教日

27. 大師十二歲出家，先後就讀棲霞律學院、焦山佛學院，並遍參金山、天寧、高旻、寶華等諸大叢林。雖然大師經常謙稱自己沒有受過正式的學校教育，但其實他在佛教的「律下、教下、宗下」，接受過一連串完整的佛門教育；這就如同一個受過「陸、海、空」三軍嚴格訓練的將領一樣，這段豐實的參學經歷，不但紮下深厚的佛學功底，也厚實了人間佛教的精神內蘊。

28. 《星雲日記》（第十三冊 1991/9/16），星雲大師著。

29. 《合掌人生》——〈我的新佛教運動〉，星雲大師著。

30. 同上。

漸與社會大眾的生活產生脫節，因此被譏為是遁世避俗、迷信落伍、消極散漫的宗教，不但一般社會大眾看不起佛教，一些知識份子更是不屑信仰佛教。

大師面對當時台灣佛教的蕭條、衰微，更加堅定他「弘揚人間佛教，振興佛陀教法」的願心。因為大師從小生長在戰亂頻仍的大時代，深刻感受到世間多苦；而佛法正是苦難人生的慈航，尤其人間佛教更是可以拯救眾生脫離苦海，是能夠普度眾生同登覺岸的救世之教。

人間佛教是「佛說的，人要的，淨化的，善美的」

所謂「人間佛教」，大師把他定義為「佛說的，人要的，淨化的，善美的」31.，意即人間佛教並沒有離開佛陀的本懷，並不是捨棄佛陀的教法再去另創新說；人間佛教只是順應人性，以人的需要為出發，把佛法徹底落實在生活裏，讓佛教與人生緊密結合在一起，因為人生有很多的「苦」與「難」，都需要有佛法才能迎刃而解，所以大師常說：「有佛法就有辦法」，他深信「世間上沒有不能解決的事情，問題在於你能不能得遇佛法？肯不肯依止佛法？」32.

為了讓普世大眾都有機緣學佛聞法，所以大師傾畢生之力弘揚人間佛教，他堅持唯有把佛教落實在人間，才能走向社會、走進家庭、走入人心，才能成為真正濟世利人的佛教。

如今人間佛教在大師的弘傳下，他本諸佛陀的教化，倡導「尊重包容、同體共生、人我一如、法界圓融」等思想，把「生佛平等」的佛法核心價值極致闡揚，以此促進世界和平；他發起「自覺與行佛、菩薩與義工、環保與心保、三好與四給」等修行，讓「自他圓滿」的大乘佛教最高理想目標，透過生活中的佛法實踐，得以實現。

以上大師所倡導的這些人間佛教的義理思想與修行之道，都是圓滿人生不可少的智慧與修持，不但對個人，甚至對整個國家社會都有密不可分的關係。就如美國加州大學碩士路心華先生所說：「大師所改革倡導的人間佛教，是一種積極奉獻人生的『大乘佛教』，既鼓勵人們發財致富，造福社會民生，又勸人積德行善，慈悲寬容，對台灣經濟之繁榮，社會之穩定、進步、和睦，起了難以估量的推動和促進作用，是最為可取的途徑。」[33.]

31. 《百年佛緣・行佛篇2》——〈我推動人間佛教〉，星雲大師著。
32. 《星雲日記》（第二十七冊 1994/1/1 1），星雲大師著。
33. 《星雲日記》（第二十九冊 1994/5/12），星雲大師著。

路先生這番話是於一九九四年在美國西來寺拜會大師時，一時有感而發；因為來自中國大陸的他，覺得要解決當前中國社會的種種問題，最需要的就是「人間佛教」。只是遺憾的是，當時他發現全世界七十多個國家和地區都有佛光協會，唯獨中國大陸沒有。

人間佛教遍地開花，舉世推崇

路先生當初的遺憾，隨著近些年來中共當局邀請大師回大陸復興祖庭，重建宜興大覺寺，如今人間佛教已經在中國大陸積極蓬勃的弘揚開來；當時路先生曾經發願，要將佛法的慈輝、雨露遍灑神州大陸，看來這個心願已是指日可期了。

今日人間佛教可以說已在世界五大洲遍地開花，人間佛教不但對人心的淨化、社會的和諧、經濟的繁榮、政治的清明，乃至對於海峽兩岸的交流，以及世界和平的促進，都發揮了實質的作用。

由於人間佛教是確實能為人類帶來希望與光明的佛教，因此受到世人的重視與專家學者的推崇、肯定。例如，美國經濟學家，也是台灣遠見・天下文化事業群創辦人高希均教授，就曾不只一次讚揚星雲大師，他把大師弘揚人間佛教所產生的影響與貢獻，喻為是台灣「經濟奇蹟」之外的另一個「星雲奇蹟」。他認為大師所弘揚的人間佛教，已經「改革了宗教，改善了人心，改變了世界」，甚至推崇大師的貢獻實在已經「跨越宗教，超越台灣，飛越時空」。34.

現在「人間佛教」與「星雲大師」，儼然已經被劃上等號，一般人只要提到「星雲大師」，自然而然就會聯想到「人間佛教」；談到「人間佛教」，也不能不提起「星雲大師」。就如香港中文大學教授學愚先生所說：佛光山與星雲大師，幾乎已經成為人間佛教的代言人與未來發展的典範35.。

只不過在人間佛教現有的輝煌成就背後，鮮為人知的是，星雲大師最初在台灣提倡人間佛教時，並不為佛教界的同道所認同，大家認為「人間佛教」是星雲大師個人所自創，因此一再質疑、反彈，甚至不時加以阻擾、打壓。

34.〈台灣的「星雲奇蹟」〉，高希均教授著。（《星雲模式的人間佛教》導讀）

35.〈星雲禪與人間佛教〉，學愚教授著。（發表於《普門學報》第40期）

然而大師認為，佛陀出生在人間，出家、成道、弘化都在人間，佛陀對人間所開示的教法，當然就是人間佛教，所以人間佛教既不是他所自創，也不是哪個個人或哪個地區的佛教；追本溯源，人間佛教是佛陀之教，是佛陀專為人而說的教法。因此大師堅信，人間佛教是佛陀的本懷，真正發表人間佛教宣言的，其實就是釋迦牟尼佛[36.]！

此外，大師初到台灣時，當時的台灣社會正處於白色恐怖的風暴中，到處風聲鶴唳，所有來自大陸的和尚，更是人人自危，日日飽受政治的監控與壓迫。加上當時基督教有總統夫人蔣宋美齡背後支持，在社會上擁有相當的勢力，對佛教極盡打壓之能事，使得佛教的弘傳處處受阻。

然而儘管在推動、弘揚人間佛教的過程中，同時遭遇到來自教界同道的排斥，以及其他宗教的打壓和政治的迫害，但是再大的困難，再多的阻礙，大師從來沒有心生退卻，因為大師「心懷度眾慈悲願」，他相信人間佛教是普羅大眾都需要的佛教，人間佛教不但能解決人生的苦難，能解除人們心靈的桎梏枷鎖，人間佛教更是普世的佛教，是擁抱一切眾生，是圓滿生命的佛教，人間佛教必然是未來世界的一道光明。[37.]

由於「不忍聖教衰」，也為了「不忍眾生苦」，因此一路走來，儘管飽嚐辛酸委屈，甚至歷經千生萬死，但大師從來不曾萌念放棄，他總是一本初衷，想方設法，務要把人間佛教弘揚、落實在人間。

如今半個多世紀過去了，人間佛教在大師的堅定弘化下，已從台灣推展到世界五大洲，成為普世共尊與共同研究的一門重要思想學說。

就在前年（二〇一三）三月三十日，由大陸南京大學中華文化研究院主辦、佛光山人間佛教研究院協辦，首度在大陸宜興大覺寺舉行第一屆「星雲大師人間佛教理論實踐學術研討會」。

在此之前，關於星雲大師與人間佛教的學術研討會，已在台灣及世界各地舉辦過無數次。不過值得一提的是，此次的開幕典禮當天，南京大學中華文化研究院院長賴永海教授，代表主辦單位致詞，他開門見山、直接了當的指出：星雲大師是當前北傳佛教最具代表性的人物，這與大師弘揚人間佛教所成就的事業與貢獻是息息相關的；因為大師多年來一直本著「以文化弘揚佛法，以教育培養人才，以慈善福利社會，以共修淨化人心」的四大宗旨，積極致力於人間佛教的推動，在大師全面弘化下，已經實現了「佛光普照三千界，法水長流五大洲」的目標，這在過去只是夢想，現在已經成為事實。

36.《如是說》，星雲大師著。（現存佛光山法堂書記室檔案館）

37. 二〇一二年七月「佛光山徒眾講習會」，大師為徒眾開示。

賴教授極力讚揚大師「從事非常之事業、成就非常之成就」，他推崇大師所建立的巨大成就與貢獻，是舉世有目共睹，令人嘆為觀止；尤其大師在推動兩岸交流上所獲致的貢獻，巨大而突出，他覺得兩岸都應該同表感謝。

不過最後賴教授表示，大師的成就與貢獻，說與不說，都是已然的事實；現階段最重要的，應該是研究星雲大師是如何成功的落實人間佛教？這個成就的背後因素，才是真正值得我們探討、研究的。

賴教授這段話不但一語中的，切中要點，而且深具新意，它跳脫過去一般學者的窠臼，不再老調重彈的總是從學術的角度去討論誰是人間佛教的創始人？誰是人間佛教的理論家？誰是人間佛教的實踐者？而是針對星雲大為什麼能異軍突起，為什麼在別人做不到的情況下，大師卻能成功的把人間佛教弘化到五大洲，成為現代化、國際化、年輕化、智識化、藝文化、制度化、生活化、大眾化的人間佛教；今日人間佛教不但成為佛教的主流思想，並受到舉世一致肯定、推崇，大師成就的因素為何，確實是個很值得研究的議題。

大師成功的因素：心中有佛，心中有人

其實，從古到今，任何一位偉大人物的成功，必然有他成功的條件與因緣。探究大師成功的原因，雖然離不開大時代的環境，以及各種人事、時空等因緣所助成，但大師本身具備人間佛教的性格，以及他有很多很好的思想觀念，這應該是最重要且不可或缺的主要因素。

例如，大師從小就有合群隨眾、歡喜融和、同體共生的思想與性格，他對人尊重、包容，樂於與人為善，處處為人設想；尤其大師的心中永遠都是「佛教第一、眾生第一」，他矢志弘揚「人間佛教」，發願要讓「佛光普照三千界，法水長流五大洲」。早在那一刻起，大師已經把自己奉獻給了佛教，他的生命早已融入真如法界，與真理同在，與眾生共存，因此造就出今日的人間佛教，不但成為無數苦難眾生得度的慈航，同時也成就了自己偉岸而浩瀚的一生。

換句話說，由於大師心中只有佛教，只有眾生，從來沒有個人的好惡、有無；加上大師為人公平明理，待人慈悲厚道，他不但「心中有佛」，而且「心中有人」，所以對於人間佛教的弘揚，既能「上契諸佛之理」，又能「下應眾生之機」。

此外，大師忍辱、精進，常做佛事，永不休息；大師悲願宏深，弘法度眾永不灰心；大師愛國護教，從不計較個人的得失毀譽。乃至他對逆境善於轉化，凡事總是往好處想，即使受苦受屈也不以為意；他從善如流，舉重若輕，對任何成敗不太介意；他無我無私不要錢，有錢則點滴歸公；他有情有義，知恩報恩，並以助人為樂；他守時守信，重視承諾，一生從不退票；他愛才培才，經常給人因緣，歡喜成人之美；他有淵博、深厚的世間學問與佛學素養，他的人生歷練豐富、修行體驗深刻，不但見多識廣，機智幽默，而且善於營造歡樂的氣氛等等，這些都是大師吸引人的魅力所在，這也是一個人間佛教行者所應該具備的條件。更重要的是，大師的思想開明而不固執，總能與時俱進，不會墨守成規，加之目光遠大，總能瞻望未來，故能盱衡時勢，並且順時應世的把佛教落實在人間。

總說大師因為有「興隆佛教，捨我其誰」的發心，有「不忍聖教衰，不忍眾生苦」的悲心宏願，有「以無為有，以空為樂，以眾為我，以教為命」的無我空觀，有「鍥而不捨，永不灰心，永不退票，永不休息」的精進毅力，有「與人為善、從善如流，不記仇，不懷恨」的心胸雅量，有「善觀因緣，與時俱進，前瞻未來，勇於革新」的遠見與智慧，這些都是大師能夠落實人間佛教不可或缺的重要因素。

不過，綜觀大師成功的關鍵，當然還是離不開他對人間佛教所下的定義，也就是「佛說的，人要的，淨化的，善美的」，這短短十二個字，表面上看似簡單，實際上卻蘊藏著很多深奧的重要意涵。

從積極面詮釋「佛說的」佛法真義

首先就「佛說的」而言，這是表示人間佛教並非否定傳統佛教，也不是撇開傳統佛教去另立一個新的人間佛教，人間佛教其實就是佛教的全部，所有佛法都是人間佛教。

只不過以「人間」為發展核心的佛教，雖然「佛說的」一切法本來就都是人間佛教，然而在佛教發展的過程中，有人重視理論玄談，有人強調持戒修行，有人只顧清修自了，有人忙於經懺度死，慢慢地把佛教對人間應負的教化之責給怠忽了。甚至由於個人歧見，不只「談空說有」，各有堅持，乃至「禪淨之間」，彼此互不相容，使得佛教的教理無法統一，因而撕裂了佛教，瓜分了佛教的力量。

因為有感於此，大師於是發願弘揚人間佛教。然而這麼說並非意謂著人間佛教與傳統佛教有所分別，也不是說傳統佛教不好、人間佛教才好。只是不可諱言的，隨著時代發展進步，佛教在傳教的方法上，必須與時俱進，不能因循過去，例如要有積極正向的說法，要有化世益人的佛教事業，乃至要有現代化的科技設備來輔助弘化等，佛教唯有與時俱進，並且順應「人要的」，才能落實在人間，才能有益於世。

因此，大師就說法方面，他一反過去總是站在出家人的立場，過度強調出世佛法的弊端，一改而以積極正向、樂觀喜悅的說理來宣揚佛教。

例如：過去一般法師講「戒」，都是消極的制止，這個不可、那個不行，讓人覺得學佛受戒很不自由，所以對佛教望而生畏。但是大師從極積面詮釋戒的意義是不侵犯，因此受戒才能自由。就拿五戒來說，不殺生就是不侵犯別人的生命，讓別人享有自由生存的權利；不偷盜就是不侵犯別人的財產，讓別人享有使用財富的自由；不邪淫就是不侵犯別人的名節，讓別人能自主的守護名節……。大師總說「戒」的精神就是「自由」：因為持戒而不侵犯他人，就是尊重別人的自由；因為不侵犯他人，自己也不會因此犯罪而失去自由。所以大師說，佛教的「持戒」其實就是「自他都自由」38.。

過去佛教講「四大皆空」，一般人聽到「空」，總認為「空」就是什麼都沒有，因此覺得「空」很可怕。但是大師認為，《心經》講「色即是空，空即是色」，「空」與「有」既是一體的兩面，既然空、有是一如的，不如把過去的「四大皆空」，說成「四大皆有」；因為先有「妙有」，才能進入「真空」，先建設現實「有」的世界，從「有」的真實中，才能體驗「空」的智慧。因此大師順應眾生的根機與需要，從積極面去引導人認識佛教、了解佛法，讓人既能「空」，也能「有」[39]。

過去佛教講「無常」，所謂「人生無常」、「生死無常」，世間一切都是「無常」的，讓人對「無常」心懷恐懼；但是大師說，無常並不可怕，無常就表示好的會變壞，壞的也會變好，因此貧窮的人，只要努力工作，有一天也會變富有，愚笨的人只要用功學習，有一天也會變聰明，所以無常才能進步，無常才能更新，無常才有希望，無常才有未來[40]。

38. 二〇一三年三月三十一日在大陸宜興大覺寺舉行「星雲大師人間佛教理論實踐學術研討會」，大師發表主題演說，針對「佛法新解」所做的開示。

39. 同上。

40. 同上。

過去佛教總是強調，「生老病死」是人生必經的過程，讓人覺得人生很悲苦、很無奈；但是大師把「生老病死」改為「老病死生」，表示老、病、死並不可怕，因為死了還會再生[41.]。

大師把傳統佛教偏重出世思想、予人悲觀消極之感的說法，做了積極入世的導正，此舉讓南京大學的賴永海教授深表佩服，他曾多次在公開場合表示，大師把「戒」講成「自他都自由」，讓他深受啟發。尤其大師經常以「哭婆變笑婆」等小故事來引導人用智慧去思惟人生的道理，他讚譽大師是人類的思想家，不管任何難題都可以從各種角度、方向去思惟，從而找到解決之道；這就是智慧。他認為大師今日的成就，最主要的就是大師善於用佛法來啟迪人生，把佛法變成人生的智慧，這正是人類最值得珍惜，也是最為寶貴的財富[42.]。

其實，大師不只是慣從積極面來詮釋佛法，他尤其善於把佛法做廣義的延伸，把很多佛教的義理思想，做出富有新意的「佛法新解」，從而把「佛法真義」呈顯出來。

例如，大師說：人能創造諸神，人也信奉諸神，人更要求助諸神，所以每個人心中都與諸神同在，每個人都可以規畫自己心中所想要的神明。也就是說，在世界上許許多多的宗教當中，儘管各人所信仰的對象不同，但其實信的都是自己的心；不管是天主、上帝、阿拉、佛陀，乃至地方性的各種神祇，其實都是信者自己心中所規畫出來的「本尊」，名稱雖有不同，意義卻是一樣，所以每個人都應該建立「心中的本尊」，不把心中的本尊建立起來，一切都是外在的；所謂心中的本尊，就是我們的「佛性」，由於人人都有佛性，所以人最值得信仰的，就是自己[43.]。

大師不僅教人要「建立心中的本尊，信仰自心的佛性」，而且要「自己做自己的貴人」。大師說：一般人都希望遇到貴人，渴望有個貴人來提拔他、幫助他，給他利益。但是，貴人在哪裏呢？其實，自己就是自己的貴人；只要我們平時廣結善緣，樂於助人，肯給人因緣，一旦自己有需要時，別人也會樂於幫助你，所以其實自己才是自己的貴人，我們與其等待別人來做自己的貴人，還是自己做自己的貴人吧[44.]！

大師一生最大的願心，就是實現「佛光普照三千界，法水長流五大洲」。但大師說，其實不只是「佛光」，真正說來，應該是每一個「我」的光要能普照才重要；「我」的執著要能放下，才能解脫，才能形成「光」，這種光自然

41. 同上。

42. 二〇一三年三月三十一日在大陸宜興大覺寺舉行「星雲大師人間佛教理論實踐學術研討會」，賴永海教授發表主題演說所做的演講內容。

43. 《如是說》，星雲大師著。（現存佛光山法堂書記室檔案館）

44. 同上。

能普照眾生[45]。

大師認為佛陀成道時說「人人皆有佛性」，就是一種「平等」的思想。為了倡導「平等」思想，藉以促進「世界和平」，大師總是勉勵信徒：世界上凡是偉大的人、事、物，都懂得「平等」，例如太陽普照萬物、大地普載一切、流水普潤眾生、空氣普供大眾呼吸，所以每個人都要讓自己「偉大」起來，也就是要有「平等心」[46]。

大師這些生動而富有新意的說法，總讓聞者津津樂道，並且傳頌不已。除此之外，大師強調「幸福安樂比自由民主可貴，現證法喜比往生淨土重要」，他主張「以清規代替戒律，以行佛代替拜佛」，他認為一個人「可以什麼都不信，但不能不信因果；可以什麼都沒有，但不能沒有慈悲」，甚至他說「人可以無用，但不能無明；教可以不信，但不能邪信」。他還說：「放人生路，就是最大的『放生』，給人因緣，就是最好的『護生』」[47]。

大師對於和人間生活相關的林林總總，舉凡緣起性空、因果業報等佛法義理，乃至淨化心靈、和諧社會的思想議題，甚至環保護生、世界和平等重大問題，可謂鋪天蓋地的把人間佛教做了全面的解說，並且化為文字般若，出版了一本本、一套套的人間佛教思想叢書。

著作等身，另類譯經

大師為了弘揚人間佛教，一生寫作不輟，不但著作等身，而且他的書已經被翻譯成二十幾種語言在世界各地流通。相形之下，其他被認為同是弘揚人間佛教的法師，他們對人間佛教的思想理念，乃至如何推動、落實人間佛教的弘化之道，其實並沒有太多深入的申論與具體的實踐；雖然他們或曾出版過一些佛學專著，也因過於艱深，故而未能普遍的廣泛流通，可見佛法要通俗易懂，才能深入人心。

過去佛教四大譯經家鳩摩羅什、玄奘、真諦、義淨等大師，他們把佛經翻譯成中文，對中國佛教的發展幫助很大；現在星雲大師把深奧難懂的佛法，透過通俗平易的語言詮釋，讓人能聽得懂，從廣義上來講，這也是一種另類的佛經翻譯。

由於大師一向善於把佛法作通俗性、生活性的宣說，因此音樂家李中和教授曾說：「一般法師都是講佛話而非人話；星雲大師因對人性的了解，講的都

45.《星雲日記》（第三十一冊 1994/10/22），星雲大師著。

46. 星雲大師於二〇〇六年十月十五日應邀出席印度安德拉省佛教界主辦的「佛教論壇」致詞。

47.《如是說》，星雲大師著。（現存佛光山法堂書記室檔案館）

是心裏的話，他替眾生鋪了一條與佛溝通的橋樑。」48.

就因為大師總能把「佛說的」佛法義理，用一般大眾熟悉的語言詮釋出來，讓人能懂、能受用，使得人間佛教既能保持佛法的精神，又能順應人生的需要，正是所謂「上弘佛道，下化眾生」；這種「觀機逗教、契理契機、善說法要」的方便智慧，不能不說是大師能落實人間佛教的重要原因。

人間佛教含容廣大，深者見深，淺者見淺

然而在此同時，卻有人因為大師把佛法說得簡明易懂，因而批評說人間佛教膚淺而沒有深度。事實上人間佛教看似很淺，其實很深，一般人儘管能通達諸多佛學義理，不一定能通達人間佛教的內涵，因為大師弘揚的人間佛教，包括生命、生死、生活，乃至人間萬有環環相扣的關係，都是人間佛教，因此人間佛教含容廣大，內蘊深厚，並不容易講。

人間佛教正如大師所說，現今許多會講經的人，不見得會講說人間佛教，因為「人間佛教絕非一個簡單的研究主題，人間佛教必須從佛教思想史入門，

再逐漸進入人間佛教的思想體系。這當中如果沒有十年、二十年的深入經藏，不能通達人情倫理，不懂得發菩提心，為眾生服務；不能明白眾生一體，彼此共存共有，人間一切都是關係的存在，不能用生命體會『緣起中道』之理，如此就不能說真正懂得人間佛教，是不夠資格論說人間佛教的。」49.

正因為人間佛教廣大無邊，甚深微妙，並不容易了解，因此人間佛教往往是「深者見深，淺者見淺」；就如佛經所說「三獸渡河，水無深淺，跡有深淺；三鳥飛空，空無遠近，跡有遠近。」那些說人間佛教膚淺的人，其實是「滿瓶不動半瓶搖」，因為自己接觸佛教一些時日，對佛法有了一點皮毛的認識，就自以為了不起；這種人坐井觀天，曰天小者，殊不知是自己眼界窄也。

反之有兩種人最能與大師的佛法相應，一種是剛學佛的初機者，他們初次聆聽大師開示，或是閱讀大師的著作後，都會驚訝的發現，原來佛法是如此的平易親切，如此充滿人生哲理與智慧。因為大師的佛法沒有艱澀難懂的名相，也沒有陳義過高的教條，他只是把佛法義理經過消化融會、整理歸納後，再用通俗性、生活化的語言表達出來，因此很多初次接觸佛教的人，都會欣喜於自己竟然一聽就懂，一讀就能會意。

48.《星雲日記》（第二十五冊 1993/10/1），星雲大師著。

49.《人間佛教叢書》第三集《人間佛教語錄》，星雲大師著。

另外還有一種人，自己浸淫佛法已久，對佛法確已了然通透，自然能了解大師的通俗佛法其實是經過「深入」之後才發為「淺顯」易懂的語言，因此對大師的說法功力莫不讚佩不已。

如四川大學陳兵教授說：「星雲大師的人間佛教思想博大豐厚，表述儘管通俗淺顯，內涵實際甚為深沉，是其數十年身體力行人間佛教成功經驗的結晶，出自對佛法的深切體證、對佛教歷史和現狀的冷靜反思，及對現代社會人心的敏銳感知、深徹觀察，非憑空構想的空洞理論。」50.

他甚至認為，只有對人間佛教近百年進程，乃至全體佛教的歷史和現狀作過深刻思考，對人間佛教的修持有實際體會的人，才能完全讀懂星雲大師，才能明白他的人間佛教之意蘊與意義。51.

陳教授應該算是真正認識星雲大師，是深刻了解人間佛教的人。反觀一些人認為人間佛教沒有深度，沒有學術性的研究，是庸俗的佛教；其實如大師說：「現代一般人講深度，總以為賣弄一些佛學名相，把佛法講得讓人聽不懂，就叫做深度；事實上佛法不是講深度的，講深度的人就不可能認識佛法，因為當初佛陀講經，都是淺顯易懂，是後來的人硬在文字上做研究、比較，才把佛法弄得艱澀難懂，因此談玄說妙不是復興佛教，是乃滅亡佛教也。」52.

大師一生為了落實人間佛教，在講經說法上總是力求淺顯、通俗，但「淺題」並不「膚淺」，「通俗」並不「流俗」；對於那些說人間佛教膚淺者，其實是個人的程度問題。

符合「人要的」，才有價值

其次再說到「人要的」，大師深感世間上的各種思想學說，不管再怎麼精闢、先進，如果不能對人類的幸福有所增進，都將成為空談。佛法也是一樣，儘管佛教的真理如何甚深微妙，如果不能順應人的需要，不能落實到生活裏，讓人受用，給人利益，也是形同虛設。因此大師一生凡有所做，總要「讓人受用」，因為他說：「讓人受用，才有價值；能夠讓人受用的佛法，才是人間佛教所要弘揚的。」53.

秉此信念，大師平時講述佛法時，總要讓大眾聽得懂；書寫文章時，總

50.〈正法重輝的曙光——星雲大師的人間佛教思想〉，陳兵教授著。（發表於《普門學報》第一期）

51. 同上。

52.《如是說》，星雲大師著。（現存佛光山法堂書記室檔案館）

53.《星雲日記》（第三十一冊 1994/10/25），星雲大師著。

要讓大眾能體會；興建道場時，總要讓大眾用得上；舉辦活動時，總要讓大家能參與；開辦法會時，總要讓大家能法喜；海外弘法時，也總是會提供語文翻譯；大師隨時隨地顧及大眾的需要，因為他相信，實用的佛教，才是人們所需要的佛教。[54]

此外，大師深知佛教要「化世」，就必得要有「利生」的事業，正如佛陀為了度化眾生，也要「先以欲勾牽，後令入佛智」，因此佛教的「布施」法門，也是「法施」之外，另有「財施」；因為一個人如果三餐不能溫飽，再好的佛法他也無法納受。

大師為了順應人的需要，因此在佛光山的四大宗旨裏，不管慈善救濟、公益福利，以及文化、教育等，舉凡佛光山所辦的各種事業，無非都是為了利濟群生，為了有益國家社會，為了讓人民實際感受佛教對他有用，如此佛教才能走入人群，才能發揮弘法度眾之功。

甚至為了接引不同根機的社會大眾學佛，大師因此興辦各種學術、藝文、公益、慈善、社教等活動，乃至禪坐、念佛、抄經、讀書會，甚至研習共修、聽經聞法、素齋談禪、喝茶論道、義工服務等，總是希望讓社會大眾有更多機會，各依自己所需或所好，透過各種管道與因緣來接觸佛教。

大師認為，人間佛教應該是「不捨一個眾生，不捨一個法門」，他感於過去佛教只重視念佛、拜佛，因此失去了許多信徒；事實上佛教是要普渡眾生的，普渡眾生就是要讓大家歡喜什麼就做什麼。例如，不念佛的人，可以參加禪修；不喜歡坐禪，可以抄經、拜佛；甚至不歡喜拜佛的人，也可以到寺院裏吃素菜，或是談話聯誼，或是唱梵唄、聽音樂等。[55]

總之，大師提倡的人間佛教，就是全方位的多元弘化，就是多管道、多功能的依大家的根機與需要而施設種種法門來實踐佛陀的「觀機逗教」，這就是人間佛教。

人間佛教不是空談理論，重在實踐

大師曾如是說：我自覺我一生不是只有研究佛學，我是研究佛教；佛教太龐雜，不光只是研究佛法，所以我不敢自承是佛教的義理大師。不過我雖然沒有時間一門深入，但我自覺自己稱得上是廣博多聞。因為我提倡「人間佛教」，

54.《星雲日記》（第三十三冊 1995/1/6），星雲大師著。

55.《百年佛緣‧行佛篇2》——〈我推動人間佛教〉，星雲大師著。

我研究的是佛教，佛教是佛陀的教育法，既是教育，就必須透過各種方法、管道來弘揚佛法，而不能只是安居一處，深入研究佛學。56.

誠然如是，大師這番話說明了人間佛教不是空談理論的，而是要能實踐，要能推動，要能走出去；也就是說，大師的人間佛教既有理論，又有實踐；具體的說，大師的人間佛教是把理論落實在實踐中建構起來的。因此，當初大師如果也像一些佛教論師一樣，只是專心研究佛學，相信他的學術成就一定更勝於今日；但果真如此的話，可以肯定的是，也絕對不會有今日的人間佛教了。因為如同太虛大師所說：「教理之研究，非以增加知識為目的，而以能導進修行，趣令證果為目的，若研究教理而不去重行證者，則研究教理不但無用反有身害，耗一生之精力，最多亦只成就一時髦學者而已。」57.

太虛大師之言正與星雲大師的主張若合符節，星雲大師一向認為，人間佛教是做出來的，人間佛教不是只有空談理論就算了，理論說得再高、再深，如果不能符合人的需要，也是乏人問津，因此他一再強調：「人間佛教真正需要的，是能推動、能落實人間佛教的菩薩行者。」58.

宣教弘化，不離「淨化、善美」的本質

最後講到「淨化的，善美的」，這是人間佛教的「相」，前二者「佛說的」、「人要的」，分別是人間佛教的「體」和「用」。

在大師的人間佛教裏，「佛說的」、「人要的」其重要性已如上述，但為何大師還要特別強調「淨化的，善美的」，其用意何在？

其實「淨化的，善美的」，對於大師的人間佛教來說，其重要性絕不亞於「佛說的」、「人要的」。因為佛法雖然不同於世間的知識有善有惡，佛法的般若智慧是純真、純善、純美；然而世間畢竟是聖凡混雜、賢愚不等，因此佛法在人間流傳的過程中，有時候因為人為的運用不當，到最後也會偏離佛法善美的本質，造成「是佛法的，不是佛法」。

例如，佛教是個慈悲戒殺的宗教，佛教不但倡導「不殺生」，進一步還要鼓勵人「放生」、「護生」。在佛教經典裏，處處指陳護生與放生的功德，尤

56. 同上。
57. 《太虛大師全書》第二冊，太虛大師著。
58. 《人間佛教叢書》第三集《人間佛教語錄》，星雲大師著。

其「小沙彌救蟻延壽」的故事，更是大家耳熟能詳。

放生是「佛說的」，長壽是「人要的」。過去台灣的佛教界，為了投信徒所好，經常舉行「放生」儀式。每次為了佛教徒要放生，商人就要故意大量捕捉魚蝦、鳥雀來供人放生。這些小動物幾經折騰，等到放生儀式過後，往往死傷迨半，使得「放生」變成「放死」。

本來是佛教美好的思想行儀，到最後卻變成被人詬病、撻伐的劣行，這正說明，佛法在世間弘傳的過程中，可能受到環境、人為等因素影響，而在實踐時產生了偏差，把佛陀「示教利喜」、「開示悟入佛之知見」的善美本意給扭曲了，因而失去佛教對世間的教化功能，這也是傳統佛教所以被人排斥的原因。

相對的，大師弘揚的人間佛教，為什麼能受到當代人士的接受、重視？主要是因為大師的世間學問淵博，人生歷練豐富，他深懂人性，深體人間疾苦，因此懂得如何針對「人要的」來推動佛教，因而使得佛教能確實走入人間，融入生活。

另一方面，大師從小在佛教的律下（棲霞山律學院）、教下（焦山佛學院）、宗下（常州天寧寺）參學，接受了一連串完整的佛門教育，不但佛學功底深厚，而且熟悉傳統叢林的行事、規矩、制度、精神等；加上大師一生實踐過閉關、禁足、持午、禁語、刺血寫經等密行，乃至傳統的參禪、念佛，以及書寫、披讀、受持、開演、諷誦、思惟、修習等十法行都曾修持過。

大師通過佛法修行體驗所淬練出來的內自證智慧，使他在落實人間佛教的過程中，自始至終都能把握「佛說的」根本佛法精神，因此不會流俗或產生偏差，所以最後呈現出來的結果當然是「淨化的，善美的」，故而能為人所接受。

化經藏為人生智慧

今日的人間佛教，可以說在星雲大師「悲智雙運、解行並重、事理圓融、真俗不二」的弘揚下，已經不同於過去，佛教不再只是束之高閣的藏經，而是一種平易親切的人生智慧，是一門可以引領人類走向光明未來的思想學說。

只不過世間本來就是「一半一半」，儘管多數人都對人間佛教信服、推崇不已，但仍有少數學者認為，人間佛教的理論架構不足，人間佛教的思想體系有待建構。甚至有人質疑，人間佛教只重人間，並不究竟。

其實，說人間佛教不究竟，這等於是在否定佛教，因為如前所說，人間佛教並不是撇開傳統佛教再去另立一個人間佛教，人間佛教只是本諸佛陀「示教利喜」的本懷，把佛陀開示的教法落實在人間，讓普羅大眾在佛法指導下，不但現世過著幸福安樂的生活，繼而能夠超越生死、圓滿生命。

因此，人間佛教其實就是以佛陀所開示的教理為依據，以人間的需要為出發，站在傳統佛教的真如理體上，把他的功用做出更大、更徹底的發揮，讓他更能契合人間的需要，如此而已。所以大師說，凡是佛說的三皈五戒、四攝六度、三法印、四聖諦、十二因緣等，都是人間佛教；人間佛教就是佛教，不認同人間佛教，比對佛教沒有信心更可怕，不認同人間佛教，就是不能體現佛陀示現人間的精神與思想。*59.*

人間佛教思想體系早已建立

至於說人間佛教的思想體系有待建構的問題，早在十多年前，前佛光大學校長龔鵬程教授，他讀了結集大師多年來在海內外各地講演的文稿而成的《星雲大師講演集》後，極表讚佩，他說大師的講演集是一本充滿學術性的著作，裏面篇篇都是結構嚴謹、論點精闢的學術論文[60]。他對大師能將學術性的議題，作生活性的詮釋，深表折服。尤其閱讀過此書後，他發現，大師的人間佛教思想體系，其實早已建立。

誠然如是，早在一九六七年佛光山初創，當時大師就說：「創立佛光山，不單只有硬體而已，軟體就是人間佛教，人間佛教不但早就在我的心裏、在我的行為裏，也時時在我的思想裏。」[61]

大師對人間佛教的思想，不但時時充塞在他的心田裏，流露在他的言行中，也化成一篇篇的文字般若，只要把大師的著作集結起來，就可以看出，大師其實早已建立起一個很完整的人間佛教思想體系，而人間佛教在大師的融會下，也已早就成為一門思想體系健全的「星雲學說」了。

我們從大師的各種著作及開示中，可以發現，大師的人間佛教思想學說，主要是立論於「佛性平等」的根本佛法精神，同時著重在「緣起中道」的真理

59. 同上。

60.〈人間佛教的真義——駁斥邱敏捷女士的謬論〉，慈容法師著。（發表於《普門》第 243 期 /1999 年 12 月號）

61.《當代人心思潮・國際佛光會主題演說》——〈人間與生活〉，星雲大師著。

闡揚，尤其強調「自覺行佛」的生活修行，最終則以「轉識成智」為生命的圓滿。

「佛性平等」是佛法的核心，當初佛陀成道時，曾發出「大地眾生皆有如來智慧德相」的宣言，宣示著一切眾生都有佛性，都同樣具足成佛的性能，因此應該享有「平等」的生存權利，應該被平等對待；「佛性平等」可以說是宇宙間最偉大的宣言，也是最能符合當代追求「自由、民主、平等」之思想潮流了。

佛性人人本具，佛性是不生不滅，是「常樂我淨」的永恆存在；相對的，世間一切都是因緣所生法，隨著緣生緣滅而示現「苦空無常」。因此，我們在面對現實的人間生活時，要有「緣起中道」的般若智慧，能夠了悟「緣起性空」的諸法實相，從而建立「空有一如」、「真俗不二」、「色心並舉」的中道思想觀，並且落實在日常生活中，透過「自覺行佛」的實踐，最後才能「轉識成智」，才能圓滿生命，這就是「人間佛教星雲學說」的理論與實踐之道。

過去太虛大師曾提出「三宗」說，就是：法界圓覺宗、法性空慧宗、法相唯識宗；印順法師則有「三系」說，即：真常唯心系、虛妄唯識系、性空唯名系。

星雲大師的人間佛教思想學說，主張「八宗兼弘」62.，既不偏於「唯識」，也不是只重「唯心」，而是強調「心物合一，法界圓融」63.；星雲大師的人間佛教思想內涵，除了義理論述的「法界」（佛性平等）、「法性」（緣起中道）、「法相」（轉識成智）之外，又多了一個修行實踐的「法儀」（自覺行佛）。

也就是說，星雲大師所弘揚的人間佛教，既有根本佛法的思想理論，又有大乘佛教的實踐之道，其思想內涵及組織架構是十分嚴謹的，不但符合「信解行證」的修行次第與要點，而且「境行果」皆具，可以說早已形成一門體系完備的「思想學說」了，也就是是：

一、人間佛教星雲學說，立論於「佛性平等」的根本思想

二、人間佛教星雲學說，著重於「緣起中道」的真理闡揚

三、人間佛教星雲學說，落實於「自覺行佛」的生活修持

四、人間佛教星雲學說，放眼於「轉識成智」的生命圓滿

以下就針對「佛性平等」、「緣起中道」、「自覺行佛」、「轉識成智」四個面向，略論「人間佛教星雲學說」的核心價值與時代意義，希望本書的完成，未來能有助於世人對人間佛教作出更深入、更多面向的觀察與研究。

62.《佛光教科書．佛光學》——〈佛光學的內涵精神〉，星雲大師著。

63.《星雲日記》（第三十九冊 1996/1/26），星雲大師著。

【第一章】佛性平等

星雲學說的立論根本

大凡世間上任何一門學說，都有他最初立論成說的中心思想，以及最終所要達致的宗旨目標；人間佛教的星雲學說，主要是立論於「佛性平等」的根本思想，也就是佛陀當初證悟時所發出的「眾生皆有佛性」的平等宣言。

佛陀成道時說：「奇哉，一切眾生具有如來智慧德相。」（《釋氏稽古略》）星雲大師據此倡導「我是佛」[64]。大師說：「佛性」是吾人永恆不死的生命，「平等」則是佛法的核心思想；離開佛性，難有平等，沒有平等，也無佛法可言[65]。因此大師平日裏總是教人要直下承當「我是佛」，一者希望人人肯定自己本自具足佛性，從而自尊自重、自我覺悟，把自己內在的真如佛性開發出來，如此才能真正「了生脫死、離苦得樂」。因此他矢志弘揚人間佛教，就是希望以「人間」為道場，幫助眾生透過「菩薩道」的實踐，把佛性開發出來，期能從「人道」漸次圓滿「佛道」，這才是生命的究竟圓滿。

另外，基於眾生皆有佛性的平等思想，大師更從「人權的尊重」而到「生權的提倡」，他主張世間上不但人與人之間應該互相尊重，甚至由人而及於一切眾生，要建立「同體共生」的思想，要平等對待每一個眾生的生存權；因為唯有尊重生命，彼此共生共榮，世界才能和平，人間淨土才有實現的一天，這也是「人間佛教星雲學說」的宗旨所在。

換句話說，星雲大師一生致力弘揚人間佛教，不但重視現世生活的幸福安樂，希望人人有生之年都能在人間淨土裏活得歡喜、活得自在，活出生命的意義與價值；更重要的是，人間佛教最終的目標，是要幫助眾生圓滿生命，也就是找回人人本具、個個不無的真如佛性，這正是學佛最終所要追求的一個「常樂我淨」的圓滿世界。

「常樂我淨」&「苦空無常」

「常樂我淨」稱為涅槃四德，此乃悟道後所證得的一個「永恆、安樂、自在、清淨」的涅槃境界；相對於此，凡夫眾生因為業報感生的有漏世間，是個「苦空無常」、充斥著種種苦患與缺陷的世界。

學佛修行，就是希望從「苦空無常」的憂惱此岸，安度到「常樂我淨」的涅槃彼岸。這中間的過程，依照經典說法，必須經過「三大阿僧祇劫」的「菩

64.《往事百語》（三）——〈我是佛〉，星雲大師著。

65.《如是說》，星雲大師著。（現存佛光山法堂書記室檔案館）

薩道」之實踐，通過「自利利人、自覺覺他」的修行來「培福增慧」，一旦「福慧圓滿」，自能「證悟成佛」。

三大阿僧祇劫的修行，誠所謂「佛道長遠」；在漫長、悠遠的「成佛之道」上，首先必須要肯定目標，有了目標才有前進的動力，所以要「正見有聖有凡」。也就是說，我們要相信「眾生皆有佛性」，要肯定有個「佛道」可成，否則又何須辛辛苦苦的學佛修行呢？正因為「人人皆有佛性」，每個人都有成佛的性能，因此成佛雖然不容易，但是只要我們如法修行，最終都能成佛。

除了肯定「佛性」，相信有個佛果可證的「聖者」境界之外，同時還要認清「凡夫」所處的「世間實相」，如此才能坦然面對，繼而從佛法裏找出對治之道，透過生活的佛法實踐，開發出超越生死的智慧；這就如同一個人生了病，一定要接受生病的事實，繼而找出病因，如此才能對症下藥，才能藥到病除。

所謂「世間實相」，就是世間是「有漏」的，世間一切都是因緣所生法，包括山河大地、花草樹木，乃至我人的色身心念等，都是「四大」因緣和合所生起。因緣所生的世間萬法，隨著「緣生」而有，自然也會因為「緣滅」而散，於是在因緣生滅的無常變化下，世界有成住壞空，心念有生住異滅，色身有生老病死，乃至人事有聚散離合等種種的無奈與痛苦，正如《成佛之道》說：「有海無邊際，世間多憂苦，流轉起還沒，何處是依怙？積聚皆銷散，崇高必墮落，合會要當離，有生無不死。」66.

有漏的世間並不究竟，也不圓滿，此中尤以「生死」是人生最大的苦患。所謂「有生必然有死」，人生世間，之所以會有「眾苦逼迫」的感受，主要就是我人的色身有「生死」問題。因為有「生」，為了生活，就必須百般奔波營求，不但要克服外在環境加之給我們的種種艱難困苦，還要突破內在心靈上的諸多横逆挫折；因為有「死」，一旦生命走到盡頭，不但亡者要獨自面對死後未知的世界而驚恐憂懼，尤其要忍受「四大離體」、如龜脫殼般的巨大苦痛，乃至家人眷屬也會因為親人的永別而悲傷難過。

可以說，生死是人生最難忍受的痛苦，生死也是修道人最大的魔障，因此佛教希望人人都能「了生脫死」；自古禪師們「一鉢千家飯，孤僧萬里遊，為了生死事，乞化度春秋。」就是為了要「了生脫死」。

66.《妙雲集》——〈成佛之道〉，印順法師著。

「了生脫死」的真義

「了生脫死」既是佛教視為人生重要的修行功課，星雲大師提倡「人間佛教」，當然也講「了生脫死」，他認為我們信仰宗教，不單只是暫時求得精神上的寄託及心靈上的安慰，最高的目的是了生脫死，離苦得樂。*67.*

只不過大師認為，了生脫死並不是自私自了，也非偷懶享受，了生脫死是心靈的昇華、精神的解脫，能「廣結善緣」，本身就是「了生脫死」，所以要了生脫死，應該先在人間辛勞播種，從生活上去健全身心，解決生死的問題，而不是當社會的逃兵。*68.*

大師此說，主要是感於過去傳統佛教，有些人才初學佛，便一天到晚將「了生脫死」掛在嘴邊，不知道要在人間廣結善緣、積福修慧，一心只想入山清修自了，結果不但自己無法獲得佛法的實益，也使一般人誤以為佛教是消極避世的宗教。

因為有感於此，大師對「了生脫死」一向有不同於一般人的積極詮釋，他說：「生時滿足、死無畏懼」，乃至「生時助人，死留功德」，就是了生脫死；更高層次的「自然往生，乘願再來」、「不生惡趣，佛國現前」、「蓮花化生，不再輪迴」，當然是了生脫死，但是對生死最重要的，是能夠透視人生的真相，了解生命的意義與價值，當下活得自在；並且認識死亡後的世界，對未來充滿信心與希望而無懼於生死、超越生死，這就是了生脫死。如能進一步幫助別人認清生死實相，同樣解脫自在，這就叫做「自覺覺他」，這就是大乘菩薩道的實踐，也是人道的完成。69.

從以上大師對「了生脫死」的注解，可以得出二個重要的結論：

其一，了生脫死的先決條件，當須認識生命的真諦，因此大師說：「人間佛教的信仰，不是迷信的膜拜，不是盲目的奉獻，而是從浩瀚的三藏十二部不朽經典中，覺悟出緣生緣滅等生命的真理。」70.

其二，了生脫死的必經途徑，當須落實菩薩道的實踐，所以大師強調：「佛教修行的目標，乃欲了生脫死，達到圓滿的涅槃境界；但是人間佛教則更進一步，為利益一切眾生而奉獻。」71.

67.《釋迦牟尼佛傳》，星雲大師著。

68.《佛教叢書・人間佛教》——〈如何建設人間佛教〉，星雲大師著。

69.《佛教叢書・教用》——〈佛教與人生〉，星雲大師著。

70.《百年佛緣・行佛篇2》——〈我推動人間佛教〉，星雲大師著。

71.《佛教叢書・教用》——〈佛教與一貫道〉，星雲大師著。

大師弘揚人間佛教，一向不強調「成佛」，只重「行佛」的落實，也就是「菩薩道」的實踐。因為大師認為，學佛最終的目標雖然是成佛，但是「佛果」在「眾生」身上求，學佛唯有發「上弘佛道，下化眾生」的菩提心，通過「自利利人、自覺覺他」的菩薩道修行，才有可能完成「覺行圓滿」的佛果，所以從「人道」到「佛道」，中間少不得「菩薩道」的實踐。

「人間」是最好的修行「道場」

在十法界裏，人道是「上升下墮」的樞紐；在五趣六道中，唯有人才有機會聞法修行，進趨佛道。因為人不但「記憶、梵行、勤勇」三事勝諸天，尤其人間「苦樂參半」；人間雖然有一些苦，卻在人們「堪忍」的限度之內，所以不但不會障礙學道，反而會激發精進勇猛的向道之心，成為學道的增上緣。所以「人間」雖然不究竟，卻是實踐「菩薩道」最好的「道場」，因此諸佛都在人間成道。

星雲大師提倡人間佛教，正如前述，大師希望以「人間」為道場，幫助凡夫眾生把握難得的「人身」，透過「菩薩道」的實踐來開發佛性；只要我們能把自己的真心本性找回來，所謂「明心見性，開悟成佛」，自能超越生死輪迴之苦，這才是真正的了生脫死。所以人間佛教雖然不強調「成佛」，只重「菩薩道」的實踐，但是只要如實奉行「菩薩道」，也就是透過「自覺與行佛」，則最終必然「成佛」有望。因此，所謂「人間佛教」，其實就是從「人道」到「佛道」的完成，也就是「菩薩道」的修行實踐；這也正是「人間佛教星雲學說」的核心價值與終極目標。

由於人間佛教重在發菩提心、行菩薩道，因此弘揚人間佛教的佛光山，一向被譽為大乘佛教的菩薩道場。多年前，《中國時報》記者吳鈴嬌小姐曾經撰文報導，他說：佛光山是個大乘菩薩道場，自了漢不要上佛光山。[72.]

誠哉斯言！「菩薩道的實踐」一直是人間佛教重要的精神內涵，而「落實生活佛法」則是人間佛教重要的修行之道。大師多年來推動人間佛教，向來都是佛法與生活融和不二，他強調人間佛教是「度生重於度死」[73.]，他認為度死固然重要，度生則更為迫切，生者、死者都能度化，才是真正的了脫生死。

72.《佛光教科書・佛光學》——〈從佛光山認識人間佛教〉，星雲大師著。

73.《星雲大師講演集》第一冊——〈我們應知的努力方向〉，星雲大師著。

解決「生死」之前，先要了然「生命」的真諦

在此前提之下，儘管人間佛教也重視「了生脫死」，但在解決「生死」之前，先要把「生活」的問題處理好，進而要對生命的本質、生命的真義，乃至生死流轉的真相認識清楚；不能了解生命的真諦，不懂得生死的去來與緣由，就無法達到真正的「了生脫死」之境。因此大師弘傳人間佛教的目的，主要就是希望把佛陀對人間開示的教法，落實在生活裏，透過對佛法的理解與實踐，讓佛法成為生活的指南，成為體認生命、了悟生死的智慧；人生唯有洞澈生命的真相、通透生死的由來，才能超脫生死的流轉，活出生命的意義，因此如前所說，人間佛教其實就是一門「生死學」，就是一堂「生命教育」的課程。

說到生命，人活著就有生命，甚至死亡之後，生命還是存在。因為生命不是軀體，也不是靈魂，生命就是我們的真心，也就是我們的佛性。過去佛教甚少使用「生命」這個詞彙，佛教都是講「真如」、講「菩提」、講「自心」、講「佛性」，所謂「即心即佛」，所以佛教徒所關心的，無非是能不能成佛？至於「生命」一詞，是近代才有人提出，才對「生命」加以研究，甚至「生命教育」這個議題，也是近些年來才受到社會的重視。

現代人雖然提倡「生命教育」，大家熱衷研究「生死」，故而「生死學」已成為現代新興的熱門學科之一；但其實一般人對生命的真諦，乃至「生從何來，死往何去」的生死之謎，多數還是一知半解，甚至茫然無知。

對此大師明確指出，早在二千五百多年前，佛教教主釋迦牟尼佛證悟了宇宙人生的真理，就是在明示生命的真相。佛陀以「十二因緣」告訴我們，人所以有生死，是緣於最初的一念「無明」，因而造作種種「行」為，於是產生業「識」；隨著業識投胎而有「名色」，繼而「六入」成形，藉著六入接「觸」外境而產生感「受」，之後生起「愛」染欲望，進而有了執「取」的行動，結果造下業「有」，「生」命的個體就此形成；有了「生」，終將難免「老死」，「死」又是另一期生命的開始。

凡夫眾生於是就在「無明緣行、行緣識、識緣名色、名色緣六入、六入緣觸、觸緣受、受緣愛、愛緣取、取緣有、有緣生、生緣老死」等「十二因緣」的「生滅流轉」下，有了「三世輪迴」的生命，這就是生死的真相。74.

74.《佛光教科書‧佛教的真理》——〈十二因緣〉，星雲大師著。

「無明」是生死流轉的根源

從以上佛陀所開示的「十二因緣」法可知，眾生流轉生死的根源，乃肇因於「無明」；「無明」就是不明白真理，也就是不懂緣起法。「緣起」是佛陀證悟的真理，也是佛教的根本教理；緣起法說明，世間上所有一切事事物物，都不是憑空而有，也不能單獨存在，必須在各種因緣條件和合之下才能現起；一旦組成的「因緣」散失，事物本身也就不復存在，所以緣起而有的萬法，只是暫時存在的假相，其自性本空，並無恆常不變的實體。

然而一般凡夫不懂，不知道「緣起」而有的「假相」，其實「自性」本「空」的真理，因此平常總是在一些虛妄不實的生活事相上分別、計較、執著，於是產生無明煩惱，繼而起惑造業；造了業因，必然要受苦果，受了苦就更加迷惑而繼續造業，如此在「惑業苦」三重因果相續循環下，眾生因此輪迴生死，難有出期。

學佛就是為了「斷惑、消業、了生死」，所以首先要去除「無明」。也就是說，眾生因為一念不覺（無明），逐妄迷真，起惑造業，因此在生死裏輪迴；相反的，如果我們能通達「緣起」的真理法則，明白世間一切都是因緣所生，透過因緣和合而現起的假有，只是暫時存在的假相，一旦因緣離散，一切復歸於無，故知萬法自性本空。「空」是萬有的本源，也是諸法的實相，吾人若能深入空性，就能見到真理，就不會執著於虛妄不實的假相，繼而懂得人生所有的際遇，都是自業自造，怨不得別人，因為「如是因」，必感「如是果」，這是最公平的真理法則；一旦我們能見到真理，當下無明頓除，不再起惑造業，如此不受「後有」，自然也就不再輪迴生死了。

由此可知，人生要想獲得解脫，除了發心利人、行善培福之外，還要聞法修慧，如此才能深入法性，才能了解空義；有了通達「緣起性空」的般若空慧，才會知道任何現象的背後都是有因有緣，因緣是平等的，結果是公平的，在因果之前，人人平等，如此自能息下虛妄的不平之心。妄心一除，自能息滅惡緣，不再造作惡業，自然不感惡果，所以佛教講「諸惡莫作，眾善奉行，自淨其意，是諸佛教。」就是要我們去惡行善，漸次淨化心靈，一旦「心淨」則國土淨，這也是人間佛教所要建設的理想世界。

成佛三部曲——超凡入聖、證悟無生、見性成佛

佛教所講的道理其實很簡單，但修行起來卻要三大阿僧祇劫的時間，要通過「超凡入聖」75.、證悟「無生法忍」76.，最後才能「開悟成佛」77.。這個過程，每個階段都需要一大阿僧祇劫的修行。

也就是說，凡夫從發菩提心走上成佛之道開始，首先要經過「資糧位」與「加行位」的修福修慧，慢慢把「見思惑」斷除才能見到真理；一旦證見真理進入「見道位」，就能「超凡入聖」，這時就能解脫色身的「分段生死」之苦。

所謂「分段生死」，說的是三界內的「六凡」眾生，包括天、人、阿修羅、畜生、餓鬼、地獄等迷界的有情，因為無明煩惱而起惑造業，於是感得在五趣六道裏生死輪迴的苦果。由於每一世所招感的果報不同，因此有形貌上的差異及壽命上的長短等區別，稱為「分段身」。受此分段身之後，必定有一期生命的結束；因為有一期一期的死死生生，所以稱為「分段生死」。

就以人來說，不管貧富貴賤，乃至壽高百歲的人瑞，最終都難免一死。因為人在世間生存，所謂「世」者，即指遷流性的「時間」；「間」者，即具隔礙性的「空間」。人在世間，必須依憑時間與空間而存活，但同時也受到時間

與空間的束縛和限制。

例如，人在此處，就不能同時分身他處；同一個定點也無法容許兩個人一起立足。因為人有色身的質礙，因此不能自在無礙的穿越空間，空間因此成為障礙。但另一方面，人又必須有空間才能立身，乃至要有空間才能生產各種生活所需的資生物用，沒有空間就無法生存，所以古往今來，國與國之間常常為了爭地而大動干戈，甚至人與人之間也往往為了一席之地而爭得你死我活，這都是為了空間。

另外就時間上來說，人從出生的那一刻開始，壽命就隨著時間一分一秒的流逝而逐漸老化，終至死亡；可以說，人在出生的當下，其實就已經一步一步開始走向死亡，因此禪師才會對喜獲麟兒的人家說：「你家多了一個死人」。

75. 三界內的六凡眾生，因為見到真理實相而證入聖者果位，從此不受「分段生死」，稱為「超凡入聖」。

76. 諸法實相本來不生不滅，聖者對此真理有所體證，故能信受通達，安住不動，稱為「無生法忍」。

77. 菩薩經過多生累劫的修福修慧，不斷「自覺、覺他」，直到進入菩薩五十二階位的「妙覺」之境，也就是「覺行圓滿」的究竟佛果，一般稱為「成佛」，或是「得道」、「證菩提」等。

洞澈生死真相的禪師，知道生死是一如的，所以不以生為喜，不以死為悲。因為生命包括生與死，死只是生命另一種形態的存在，所謂「此死彼生」，人死只是色身軀體朽壞了，然而我人生前所造的「身口意」三業，都會在阿賴耶識裏留下「業識」種子；有了業識，生命因此三世流轉不已，就像植物有了種子，生命得以繁衍不息。

我人的阿賴耶識就像倉庫，也像電腦的記憶體，如實完整、絲毫無差的保存及記錄著我們一生的善惡功過。人死之後，就是依照生前的行為好壞來決定投生去處。惡性重大者，因為造作殺盜淫妄等種種惡業，可能下墮地獄、餓鬼、畜生等三惡道受苦；反之，心性慈悲，常行十善，廣修布施、持戒、禪定等善行福業者，就有機會再到人間為人，甚至上生天道享受天福。

業是輪迴的主宰，迷界眾生隨著自已業力的牽引，生生世世在生死裏流轉，忽而地獄餓鬼，忽而天上人間，忽而驢胎馬腹，忽而張三李四，生命在五趣六道中死死生生、生生死死，流轉不已，就如同在無邊無際的生死苦海裏載浮載沉一樣，所以佛教比喻「生死如海」。

眾生在生死海裏流轉，生命不斷，主要就是靠「業」在維繫。業有如念珠的線，線把念珠一顆一顆貫穿起來，不會散失；業有「不願生，強迫生；不願死，強迫死」的力量，業維繫著我人三世的生命，從過去到現在，從現在到未來，生生世世，永無休止的在六道裏輪迴不已，除非「斷惑證真」，不再造業，才能「跳脫三界」，轉迷為悟，才能「超凡入聖」，解脫生死。

所謂「超凡入聖」，這是三界內的凡夫眾生從迷界進入悟界的重要關鍵，為了這一刻，必須經歷一大阿僧祇劫的修行；一旦轉凡成聖，便不再受「分段生死」之苦。但這並不代表已經完全超脫生死，因此還須再經第二大阿僧祇劫「修習位」的「悟後起修」，等到「塵沙惑」斷盡而證得「無生法忍」，才能超越「變易生死」，從此不受「後有」。

在此之前，悟界的聲聞（阿羅漢）、緣覺（辟支佛）、菩薩（登地菩薩）等三乘聖者，因為「見思惑」已除、「煩惱障」已斷，因此跳出三界外而不再受到「分段生死」的輪迴之苦，但仍有「變易生死」未除。

也就是說，三乘聖者因為悲心、願力而以「意生身」迴入三界中修菩薩行，以至成就佛果；因為在修道過程中，「塵沙惑」與「無明惑」日漸消滅，智慧、聖果日益增長，因此隨著迷悟的遷移，意境隨之不斷昇華，每一期都不相同；由前一期進入後一期的變易，恰如經歷一度生死一樣，所以稱為「不思議變易生死」。

一般人談到「生死」，總是狹隘的以為眾生只有肉體上的生死。事實上佛教把生死分為肉體的「分段生死」與精神的「變易生死」，由此可見，真正要「了生脫死」，並不容易，何況即使真正「了生脫死」了，也還不算功德圓滿，所以還要再經第三大阿僧祇劫的「菩薩道」修行，才能進入「究竟位」而圓滿佛果，這才是真正的完成佛道。

第三大阿僧祇劫是成佛與否的關鍵，也是大乘、小乘的分水嶺。因為大乘以佛果為究竟圓滿，小乘則以阿羅漢果為究竟解脫。因此，當完成第二大阿僧祇劫的修行之後，重視自了的聲聞羅漢便急於斷惑證入涅槃，所謂「我生已盡，梵行已立，所作已辦，不受後有」（《中阿含經》），這時因為已經斷盡一切煩惱，證得無漏智，所以身心俱滅，在未來也不再受到果報，而能享受自我解脫之樂。

但是胸懷慈悲度眾的菩薩，則「不住涅槃」而「留惑潤生」，因為菩薩如果脫離眾生，即不名為菩薩，所以留一點餘習才能倒駕慈航，返入娑婆，才有機會救度眾生；也唯有從利益眾生之中，才能成就佛果，這就是「佛果在眾生身上求」的道理。

不過，以上所說並不表示成佛要等到第三大阿僧祇劫才要行菩薩道，而是從發心學佛的那一刻起，就是初發心菩薩，就已經正式展開菩薩道的修學之路了。菩薩有五十二階位，十信、十住、十行、十迴向屬第一大阿僧祇劫，十地中的初地至第七地，屬第二大阿僧祇劫，第八地至第十地屬第三大阿僧祇劫，如此經過三大阿僧祇劫的修行進入「等覺」、「妙覺」，才算究竟成佛。

成佛之路雖遙遠，佛性本具終能成

由於成佛需要三大阿僧祇劫的漫長時間，因此一般人總認為「佛道長遠」，覺得成佛是遙不可及的事，根本不敢奢望。事實上，成佛雖然不易，但並不表示不能。佛陀曾經做了這樣的比喻：一根木材隨著流水順流而下，只要在過程中不被岸邊的障礙物所攔阻，而木材本身也沒有腐爛，那麼即使時間再久，只要方向正確，總有一天會到達終點。

成佛雖然需要多生累劫的修行，但只要自己發菩提心、行菩薩道，廣修六度萬行，常行慈悲喜捨，不斷增上戒定慧三學，在修道路上依法而修、如理而行，總有一天一定能夠找回自己的本來面目，終會有見性成佛的一天。因為佛陀成道時早已明白宣示：「無一眾生不具足如來智慧，但以妄想執著而不能證

得；若離妄想，一切智、自然智、無礙智即得顯現。」（《華嚴經》）

這段話很清楚明白的告訴我們，眾生與佛同樣具足佛性，所不同者，只在覺與不覺的差別而已。眾生因為一念不覺，因此「懷珠作丐」、「藏寶受貧」；佛陀因為覺悟緣起，因此見性成佛，所以說「佛是已覺悟的眾生，眾生是未覺悟的佛」。

只不過眾生既然與佛同樣具足佛性，為何會渾然不覺呢？主要就是因為眾生「妄想執著」，也就是「無明」而不能如實知見真理，因此「執妄為真、執假為實、執無為有、執苦為樂」，所以起惑造業，流轉生死。

「我執」是生死的根源，我執不除，煩惱難斷；煩惱不斷，生死難了；生死不了，涅槃難證。所以佛陀開示「三法印」——諸行無常、諸法無我、涅槃寂靜，就是為了破除眾生的我執，以引導眾生出離生死之苦，而證得涅槃之樂。因此《法華經》說：「我此法印，為欲利益世間故說。」

「三法印」是「緣起說」的思想基礎，「三法印」說明「無常故苦，苦故無我，無我故空，空即佛性」，這也正是佛陀證悟的「緣起性空」的真理。佛陀當初因為證悟「緣起」而成道，佛陀成道後發出「眾生皆有佛性」的偉大宣言，此一「眾生平等」的思想，不但打破印度種性不平等的階級制度，也為世間的苦難眾生點燃了一盞希望的明燈。

因為此一偉大的平等宣言，說明佛性之前，眾生是平等的，既沒有階級之分，更沒有男女、老少、種族乃至生佛之別，有的只是「迷悟」之差而已。所謂「迷即眾生悟成佛」，因此不管聖凡賢愚，只要依法修行，所謂「勤修戒定慧，熄滅貪瞋癡」，最終必能斷「集」滅「苦」而進趣「涅槃寂靜」的解脫世界，這就是佛陀成道後初轉法輪所宣說的「四聖諦」。

不管「三法印」或「四聖諦」，其實都在說明，人生的實相雖然是「苦空無常」，但在苦空無常之中，有一個「常樂我淨」的涅槃世界。換句話說，凡夫的世界雖然苦空、無常、無我、不淨，但只要我們證悟真如佛性，達於涅槃之境，就能享受永恆、安樂、自在、清淨的解脫之樂。

佛陀宣說「四聖諦」，就是告訴我們如何「轉凡成聖」，如何由凡夫而證悟成佛的因果關係及修行之道；尤其佛陀宣告「眾生皆有佛性」，不但讓我們肯定自我，進而建立眾生平等的思想，不管對個人的解脫，乃至對社會的和諧，甚至對整個世界的和平，都有莫大的貢獻，都是為了創造人間的幸福安樂，都是在幫助眾生從痛苦的此岸邁向快樂的彼岸，這就是佛陀降誕人間「示教利喜」的本懷。

本諸佛心，明示「涅槃」之境

星雲大師弘揚人間佛教，一直都是本諸佛心、直探佛陀本懷；大師說法一向不重說苦，但期將涅槃的快樂之境示於大眾之前。因此他根據《涅槃經》、《雜阿含經》、《華嚴大疏》、《大乘義章》等各經論所說，對證悟之後的「涅槃」境界，做了如下淺顯易懂的解釋：

「涅槃是修道者在知苦斷集後，由修道所證得的解脫境界。它是滅除了煩惱、痛苦、人我、是非、差別、障礙等種種無明，而獲得的一種境我一如，超越生死，自由自在，光明幸福的圓滿境界。」78.

「涅槃就是泯除人我關係的對立，超越時空的障礙，而證悟生命永恆無限的境界，那就是我們每個人本自具足的真如佛性，也就是真實的自我。」79.

「『涅槃寂靜』是滅除貪、瞋、癡、慢、疑等諸煩惱，身無惡行，心無惡念，身心俱寂的一種解脫境界。」80.

「涅槃是不生不死、無為安樂、解脫自在的意思；涅槃是滅除我執、法執，滅除煩惱障、所知障，是度脫生死的意思。譬如一個犯人被杻械枷鎖繫縛時，是毫無自在可言的，一旦卸除了，便得解脫；眾生被貪瞋癡等煩惱所繫縛，也不得自在，如果修習佛法，斷除煩惱，便得解脫，解脫就是涅槃。」81.

經過大師以貼近生活的語言，做出平易淺白的詮釋，頓時讓人對「涅槃」的境界不再感到虛幻空無，而能真確的認識到，原來只要能夠證悟涅槃，就能泯除人我關係的對立，就能超越時空的障礙，不再被煩惱、痛苦、人我、是非、差別、障礙等種種無明束縛而流轉生死，所以涅槃之樂不是死亡後才能得到，而是當下就可以體證的。

尤其大師說，人生在世，在時間上不過短短數十寒暑，在空間上也只有七尺肉身之軀，面對這樣有限的生命，如果我們能證悟涅槃，就可以突破時空的藩籬，超越生死無常的恐懼，將生命遍佈於一切空間，充滿於一切時間，完成生命最圓滿幸福的境界。因此大師勉勵人，應該把「證悟涅槃，找回真實自我」視為今日之事，要珍惜當下的每一分、每一秒，精進修行。82.

78.《佛教叢書・教理》——〈四聖諦〉，星雲大師著。
79.《佛教叢書・教理》——〈奉行八正道〉，星雲大師著。
80.《佛教叢書・教理》——〈三法印〉，星雲大師著。
81. 同上。
82.《佛教叢書・教理》——〈涅槃寂靜〉，星雲大師著。

過去一般人常把「涅槃」錯解為「死亡」，事實上涅槃是佛教最圓滿的世界，是人生最究竟的歸宿，證悟涅槃就是人生的解脫；因為涅槃就是我們自己清淨的自性，就是真實的自我。

為了讓大家相信，人人都有清淨的佛性，人人都可以體證涅槃之樂，大師舉《金剛經》的「如是滅度無量無數眾生，實無眾生得滅度者」，說明佛陀所以度一切眾生而不覺得有一眾生可度，就是因為佛陀知道眾生本來都是佛，人人都有佛性，哪裏是我能度得的？

另外，大師引《大乘起信論》的「言一法者，所謂一心也，是心即攝一切世間、出世間法，即是一法界大總相法門。唯依妄念而有差別，若離妄念，唯一真如。」說明我們每個人都有一顆真心與妄心，真心就是真如佛性，因為被虛妄覆蓋，因此迷而不覺；只要能離卻一切妄念，眾生就是自性清淨的真如佛，這就是所謂的「迷真起妄，假號眾生；體妄即真，故稱為佛」的道理。[83]

人生是一趟「尋根」之旅

眾生因為逐妄迷真，忘卻本心，因此三藏十二分教其實都是在教我們如何認識真心與妄心，進而對治妄心；當妄心去除，真心也歸於無，真妄泯除，佛性現前，當下就能見到自己的本來面目，所以《涅槃經》說「凡有心者，定當得成阿耨多羅三藐三菩提。以是義故，我常宣說：一切眾生悉有佛性。」

佛性就是我們的主人，就是我們的本源。現代人常說要「尋根」，要認祖歸宗，大師說，其實真正的「根」，就是我們內在本具的佛心佛性；不往心覓，向外攀緣，只會讓我們分別妄想，起惑造業，漸行漸遠，無有歸期；惟有明心見性，才能使我們在滔滔紅塵中找回本來清淨的面目，不再流浪生死。因為明心見性的人，了知萬法不離一心，所以能不惑於外相的變遷，能不受時空的限制，住於如如不動的佛性中，而能把握自己的立場，認清自己的價值。84.

學佛，就是要認識自己，尊重自己，肯定自己，因此大師勉勵人要用心去「發現」自己的佛性。他在一篇題為「發現」的文章裏說，古往今來，人類有很多偉大的發現，有了發現才有偉大的發明，例如富蘭克林發現了雷電，經過半個世紀之後，愛迪生發明了電燈，讓人類從黑暗走向光明，大大改變了世界文明的進程。此外，牛頓發現「地心引力」，愛因斯坦發現「相對論」，達爾

83.《佛教叢書．教理》——〈性〉，星雲大師著。

84.《佛教叢書．教理》——〈明心見性〉，星雲大師著。

文發現「進化論」，畢達哥拉斯發現「地球是圓的」，乃至哥倫布發現了「新大陸」，以及萊特兄弟發明「飛機」等等，在在都讓世界文明有了長足的進展。

相較於以上這些偉大的發現與發明，大師認為，其實世間上最偉大的發現，是釋迦牟尼佛發現了「真理」，證悟了「緣起」，並且告訴世人「眾生皆有佛性」的真相。大師說，如果我們能夠發現自己也是佛種，也有佛性，也有成佛的潛能，那麼這個發現比起前面所說的那些科學家、哲學家的發現，不是要來得更偉大得多嗎？*85.*

直下承當「我是佛」

發現佛性，這是我們人生重要的功課，要如何才能發現自己有佛性呢？大師鼓勵人要勇敢承認「我是佛」，他說：「人人皆有佛性，都有成佛的性能，只要肯直下承認『我是佛』，就能改變思想、觀念、行為，也就是透過修道，最後必能與佛同等，證悟本具之佛性。」*86.*

為了說明承認「我是佛」的利益好處，大師以自己的親身經歷現身說法。

他說：「回想我這一生受益於『我是佛』這三個字的地方非常之多。記得初入佛門的時候，想到自己應該做好一個佛教徒的樣子，所以我認真課誦，嚴守淨戒；後來想想這樣還不夠，我應該還要擔當佛陀的使者、佛教的法師，將真理的法音傳播給別人，所以認真研究經教，隨喜說法結緣；後來再過一些時候，我覺得做法師也是不夠的，我應該進一步做菩薩，發菩提心，行菩薩道，所以我要努力行人之所不能行，忍人之所不能忍。有一天，我突然想：『我豈止想做菩薩，為什麼不直下承擔我是佛呢？我應該行佛所行，為佛所為才對啊！』這樣一想，忽然間，心裏就豁然開朗了。」87.

直下承當「我是佛」，不但可以自我提昇，尤其承認「我是佛」，自然「心中有佛」，那麼眼裏看到的必定都是佛的世界，耳朵聽到的必定都是佛的音聲，鼻中嗅到的必定都是佛的氣息，口裏所說的必定都是佛的語言，身體所做的必定都是佛的事情；如果人人如此，這就是一個佛的世界，那麼家庭自然和樂幸福，人際自然和敬友好，國家自然和諧富強，世界自然和平無諍，因此大師期勉人人當下都能自我期許「我是佛」，以此自我尊重，自我發掘本有的真如佛性。

85.《人間萬事》——〈發現〉，星雲大師著。

86.《如是說》，星雲大師著。（現存佛光山法堂書記室檔案館）

87.《往事百語》（三）——〈我是佛〉，星雲大師著。

皈依「自性三寶」，建立「心中本尊」

其實佛教的信仰，本來就不是只叫人信佛，而是要人肯定自己，認識自己，進而對自己有信心。佛教主張「人人皆有佛性」，就是對人的尊重；「佛性平等」更是佛教不同於其他宗教的偉大思想。因為一般宗教都把人置於神的治下，唯有佛教主張人人同具佛性，只要人能依道而行，都能與佛一樣，享有獨立自主的權利，不受神佛所主宰，所以佛教講「自依止，法依止，莫異依止」，就是要人信仰自己、皈依自己，也就是要皈依「自性三寶」。

根據《優婆塞戒經》說，皈依三寶是一切無量善法乃至阿耨多羅三藐三菩提的根本。為了讓社會大眾都有機會學佛聞法，繼而求證無上菩提，大師經常應邀在海內外各地為信徒主持皈依三寶典禮。每次典禮後，大師為大眾開示皈依三寶的意義，總是強調：「皈依的真正意義，是皈依自性三寶」88.

大師說，經典上對於三寶，雖有「最初三寶、住持三寶、一體三寶、緣理三寶、化相三寶」等多種分類，但皈依主要是皈依「自性三寶」：人人都有本自具足的佛性，就是佛寶；人人都有平等無差別的法性，就是法寶；人人都有喜好清淨和樂的心性，是為僧寶。89.

由於我人的自性當中，已經圓滿具足了三寶的無量功德，因此大師說，我們每個人都像是一座寶礦，皈依就是開採自己心內的寶礦；不皈依，就如同寶礦未經開採，黃金無法出土。所以皈依三寶無非是藉助佛力，引導我們認識自我，肯定自我，進而依靠自我，實現自我，找回自己心中的自性三寶，所以學佛第一步，一定要皈依三寶。[90.]

從「皈依自性三寶」，繼而大師要人「建立心中的本尊」，也就是信仰自己的佛性。大師認為，世界上有許多不同的宗教，每個宗教的教主都不同，儘管各人信仰的教主不同，但其實都是信者自己心中規畫出來的「本尊」，名稱雖然有別，意義卻是一樣，大家信的都是自己的心，所以每個人要把自己心中的本尊建立起來，否則一切都是外在的。[91.]

所謂「心中的本尊」，就是我們的「佛性」。佛性在聖不增，在凡不減；世間萬象儘管有林林總總的不同，但都是我們一心所製造出來的；我們的心製

88.《佛教叢書・教理》——〈皈依三寶〉，星雲大師著。

89. 同上。

90. 同上。

91.《如是說》，星雲大師著。（現存佛光山法堂書記室檔案館）

造出許多的不同，最後還是應該回歸到一心，在一心法界裏，一切都是一樣的。所以基於「佛性本具，眾生平等」的思想，大師希望宗教與宗教之間，應該彼此尊重包容，至少應該做到容許不同的存在，不要以自己心中的本尊去要求別人，大家能和平共存，才不會失去宗教追求真善美的本質，才能共創世界的和平。

致力世界「和平」，踐行「平等」教義

和平是人類夢寐以求的共同願景，「和平」的先決條件就是要有「平等」的精神為後盾；平等與和平是一體兩面的真理，有了平等，才能達到真正的和平。

佛教是個崇尚和平的宗教，因為佛教有「平等」的精神。大師認為，在佛教裏，不僅人與人之間平等、眾生與眾生彼此平等，甚至眾生與佛也是平等的；當初佛陀成道時發出「眾生皆有佛性」的宣言，就是平等的思想；佛陀成立僧團，主張「四河入海，同一鹹味；四姓出家，同為釋姓」，就是破除種族

歧視的平等制度之落實。92.

平等是佛法的根本精神，如果沒有平等，就沒有佛法，因此早在四十多年前佛光山開山時，大師就提出「四眾共有」的「平等」理念。在佛光山，不但「男女平權」，而且「僧信平等」，早期佛光山的朝山會館懸掛一副對聯：「一山五嶺天下少，兩院七眾世間稀」，就是最佳寫照。

大師為了具體落實「男女平等」、「僧信共有」，他設立佛學院，讓有心學佛的男、女二眾，不論在家、出家，都能入學就讀，而且訂出規章制度，讓比丘、比丘尼都享有同等的權利義務。

大師主張，不分男眾、女眾，不管出家、在家，站在「佛性平等」的立場，大家應該平等互尊，共揚佛法，因此在建立佛光山僧團之後，大師又成立佛光會教團，希望僧信能如人之雙足、如車之雙輪，彼此互助合作，共同弘揚人間佛教。

92.《佛教叢書・儀制》——〈問題答問篇／對種族衝突的看法〉，星雲大師著。

「檀講師」制度，開啟佛教史上新紀元

大師不但成立佛光會教團，並且打破傳統，制定「檀講師」93.制度，授給在家信眾傳教的權利，讓信徒也可以加入弘法的行列。因為大師感於過去在佛教界裏，一般在家信徒縱使學佛幾十年，儘管學問、道德、佛法都足以為人師表，但永遠都是三寶「弟子」，從來不敢以「老師」自居94.。為了提倡「僧信平等」，因此大師在國際佛光會的章程裏規定，在家信徒可以做檀講師、檀教師，可以一起參與說法的行列，共同肩負起弘法的任務，此舉不但寫下佛教史上嶄新的一頁，也為人間佛教開啟了弘化史上的新紀元。

大師曾比喻，「佛光山」和「佛光會」的關係，就如同「人之雙臂」、「鳥之雙翼」，都是同等重要。因此凡是佛光山派下的寺院，都是「僧信共有」，出家眾管理法務，在家眾可以協助寺院行政，甚至出家眾以弘法為家務，佛光會檀講師也可以登台說法。大師希望所有佛光人，不管出家、在家，都能做到「僧信平等化」，達成理事平等、空有平等的真理，讓佛法普遍，光明普照。

為了落實「僧信平等」，大師身先示範，他在二〇〇一年四月十九日於南非召開的國際佛光會理事會議中，原本通過一條議案，規定「總會長必須是出家眾，且須出家受戒二十年以上始得擔任」。

大師當場力排眾議，否決此案通過。他說若要保障出家眾擔任總會長之權利，有違自己「僧信平等」的本懷，因此極力否決。他同時呼籲與會大眾，不要樹立個人的權威或利益，應該在民主時代的潮流下，讓佛光會領導著劃時代的佛教走上民主自由平等的未來。

大師一生力行民主、自由、平等，他不希望任何人享有特權；然而過去的社會一向都是男尊女卑，兩性無法平等，即使在佛教界，女眾比丘尼也是一直受到歧視，不能與男眾比丘受到同等的尊重，尤其南傳佛教根本不接受比丘尼受三壇大戒。

為了提升比丘尼地位，也為了恢復南傳國家失傳已久的比丘尼教團，大師特於一九九八年二月到印度菩提伽耶傳授三壇大戒。此舉受到南北傳佛教多位著名僧俗大德的熱烈支持，成為世界佛教的一大盛事。

---

93. 一九九三年十月十七日，國際佛光會世界總會於佛光山召開「第二屆世界會員代表大會」，會中大師正式頒授檀講師證書給時任監察院長陳履安、立法委員潘維剛、日本佛教學者水谷幸正等四十人，成為第一批的「檀教師、檀講師」，開啟佛教僧信二眾共同肩負弘傳佛法的新紀元。

94. 《當代人心思潮‧國際佛光會主題演說》——〈人間與生活〉，星雲大師著。

大師本著「平等觀」，一直積極提倡「男女平權」、「僧信平等」，他以「僧信共有，眾生平等，兩序相處，和敬互尊」95.做為四眾相處的原則。大師舉出，佛陀開示「一切眾生皆有佛性」，佛陀主張「男女皆能為僧、四姓皆可出家」，佛陀要人「不輕後學」、「四小不可輕」等，處處都樹立了佛法和樂、平實、平等的風範。96.

大師指出，當初佛陀成立僧團時，標舉六和敬，以思想、法制、經濟、語言、身行、心意為民主平等的原則；佛陀常說：「我不攝受眾，我亦是僧數」；佛陀常為有病比丘洗滌身體，替失明弟子穿針縫衣，向初學比丘懺摩；佛陀以平等心與僧團大眾相處，從未以統治者自居。這些在在都說明平等必須要人我共尊，平等不是用強制的手段逼迫對方就範，而是應該顧及對方的尊嚴，唯有人我共尊，才能達到彼此平等的境地。97.

然而我們眼看今日世界，雖然舉世各國都在高唱和平，但是獲致和平的方法，都是用經濟制裁、武力侵犯、威力嚇阻等，這些以暴制暴、以戰止戰，甚至以大欺小的手段，即使能得到一時的效果，但是不得人心，當然不能達到真正的和平。

平等共尊，和平共榮

大師一生最大的心願，就是「佛光普照，世界和平」，他深知「和平」的前提先要有「平等心」；但看今日舉世的紛紜擾攘，包括政治上的以強欺弱，經濟上的貧富不均，宗教、種族的相互排擠，男女、地域的各自分歧等，這些不能和平解決的問題，都是因為彼此不能平等共存、人我不能互相尊重所引起，唯有人我共尊，立場互易，以不比較、不計較的精神平等相處，才能和平。

為此，大師在一九九六年於巴黎召開的國際佛光會第五屆會員代表大會，特別以「平等與和平」做為大會主題，揭櫫「平等共尊，和平共榮」的重要，目的就是希望以佛法的「生佛平等」、「性相平等」、「自他平等」、「事理平等」、「空有平等」的真理，喚起地球人類的覺醒與共識，讓大家真正了解世間的混亂、動盪，處處充滿危機，問題在於我們自己。因此他呼籲世人應該建立平等心，不但大國小國要平等互惠，各種族之間要平等往來，尤其要能「以大尊重小、以多尊重少、以強尊重弱、以有尊重無、以上尊重下」，唯有在平等的觀念之下，人人平等共尊，才能進取世界和平。[98]

95. 一九九四年四月十六日，大師於台北道場為佛光會輔導法師開示。

96. 《星雲大師講演集》第四冊——〈發揚佛教——為和平而團結〉，星雲大師著。

97. 《佛教叢書・教用》——〈佛教與和平〉，星雲大師著。

98. 同上。

其實，大師長久以來一直都有「平等與和平」的思想，並且一直致力於「世界和平」的促進。他為了把「人我一如」、「同體共生」、「法界圓融」的思想落實在人間，所以在歷屆佛光會會員大會中，先後發表了「歡喜與融和、同體與共生、尊重與包容、平等與和平、自覺與行佛、心保與環保」等主題演說，他不斷倡導地球人的思想，告訴大家，我們都是同居共住在一個地球村上的居民，我們從緣起的法則來看，每個人都是互為因緣，都是生命的共同體，所以大家要互相幫助、彼此合作，要尊重包容，和諧共處，要「同中存異，異中求同」，能夠尊重很多不同的存在，大家才能共存共榮。

甚至早在國際佛光會成立之初，大師就為佛光會員寫了一首四句偈：「慈悲喜捨遍法界，惜福結緣利人天，禪淨戒行平等忍，慚愧感恩大願心。」大師說：「『平等』就是一切佛法，佛教主張『生佛平等、事理平等、自他平等、空有平等』，佛法就是一個平等法，沒有平等，就沒有佛法，所以不能尊重平等的，都是外道。」*99.*

大師強調，「眾生平等」是佛法的真諦，不由得我們違背佛法，各自另彈別調；他希望凡是佛光人，都應該明白「同體共生」的意義，都應該與人間和平相處，共同實踐真正的平等，共同創造平等的世界。*100.*

在大師的願心與信念領導下，國際佛光會自從成立以來，一直努力的不外就是促進家庭中的婆媳和諧相處，兄弟姐妹互敬友愛，乃至於人民與人民之間、種族與種族之間、國家與國家之間的和平。大師希望未來的世界都能從平等、和諧上發展，今後的世界，國與國之間、民族與民族之間要平等互尊，宗教和宗教之間都應該像兄弟姐妹一樣，尤其國際佛光會是由四眾弟子所組成，凡是參與佛光會者，都如江、河、溪、湖，一旦流入海洋，均為一味，沒有誰高誰低、誰大誰小。101.

大師從人人皆有佛性的立場，強調眾生平等，所以人與人之間應該互相尊重、包容，要建立「同體共生」的思想。他認為「同體共生」是這個時代最偉大的成就，因此期勉佛光人要落實「同體共生」的理念，要有「平等互尊」的思想。

平等的偉大，在於包容性，不只是男女平等、僧信平等、大小平等、貧富平等，甚至善惡也是平等，因為「真理平等」！真理就是佛性，佛陀不僅在成道時說「眾生皆有佛性」，佛陀在涅槃前也講「一闡提也能成佛」（即使斷善

99.《當代人心思潮‧國際佛光會主題演說》——〈人間與生活〉，星雲大師著。

100. 同上。

101. 同上。

根的人也能成佛）！因為不管再怎麼惡性重大的人，也會有一念的善心和善性存在，善性就是佛性；因為眾生皆有佛性，所以人人平等，這就是佛性平等的真理。

「平等」是人間佛教重要的思想內涵，人間唯有發揚佛教「事理平等、性相平等、自他平等、怨親平等、生佛平等」的思想，才能究竟獲得和平；人間佛教就是植基於「佛性平等」的思想立論，希望為舉世人類創造一個和平安樂的人間淨土，這也正是「人間佛教星雲學說」所具有的時代意義，也因此大師說：弘揚人間佛教的行者要有「平等心」。

從「人權」到「生權」，落實「眾生平等」

早在一九九六年五月十四日，佛光山慶祝開山三十週年前夕，《中國時報》及《聯合報》等報章雜誌，紛紛以大篇幅報導佛光山與人間佛教。其中《中國時報》特別提及：「平等」是民主自由國家努力以赴的目標，但是很少人知道，釋迦牟尼佛遠在兩千五百多年前就已經發出「眾生佛性平等」的宣言，而佛光山可以說是最能實踐「平等」教義的僧團了。[102]

誠如所言，大師一生力倡「佛性平等」，他對「平等」教義的實踐，不只就「人人皆可成佛」的立場提倡人權平等，更從「人權的尊重」而到「生權的提倡」，徹底落實「眾生平等」的精神。他主張，我們能尊重一切眾生都有生命的自主權，都有生存的權利，這就是佛教的主旨所在。

他在《普門學報》發表的〈論佛教民主自由平等的真義〉一文說到：「佛教的皈依三寶，就是皈依人人和佛陀共有的佛性，這就是民主的精神；受持五戒，就是對人尊重，不任意侵犯，這就是自由的意義；眾生生權的提倡，是因為諸佛與眾生一如，一切眾生都能成佛，這就是平等的主張。」103.

另外，他在〈人間佛教的戒定慧〉一文裏，更是明白揭示：「佛教是一個倡導平等的宗教，所謂『人人皆可成佛』、『我不敢輕視汝等，汝等皆當成佛』，都是對於人格的尊重；這種特質經過持守戒律來實踐、昇華，最終達到不僅尊重「人權」，也能尊重「生權」，這是未來提昇全人類人格素質的重要目標。」104.

102.《星雲日記》（第四十一冊 1996/5/14），星雲大師著。

103.《人間佛教叢書》第一集《人間佛教論文集》上冊——〈論佛教民主自由平等的真義〉，星雲大師著。

104.《人間佛教叢書》第一集《人間佛教論文集》上冊——〈人間佛教的戒定慧〉，星雲大師著。

大師對生權的尊重，不僅止於有情，更及於一切無情，他說：所謂「生命」，舉凡一花一草、一沙一石，乃至一件衣服、一張桌椅，都有生命。一件衣服本來可以穿上三、五年，你不愛惜它，糟蹋它，二、三個月就壞了，它的生命就結束了。所以不光是人有生命，動物、樹木花草等植物也有生命，乃至山河大地都有生命，甚至時間就是生命，因為生命是時間的累積，所以浪費時間如同殺生。相同的，隨便浪費物品也是廣義的殺生，尤其現在提倡環保，重視生態，唯有尊重生命，平等對待一切生命，才有資格活在現代，如果不重視生命的尊嚴，就沒有資格稱為現代人。*105.*

大師期許現代人要能跟得上時代的潮流，他說今日舉世已經走上自由民主平等的時代，容不得人類再走回頭路，所以他對未來抱持樂觀的態度，認為「平等」的世界就要來到，這是必然的。*106.*

大師的信心，主要就是來自於對佛教的信仰，佛教主張平等對待一切眾生，不僅對人要有愛心，對山河大地也要保護，所謂「大地眾生，皆有佛性」，可見佛教不但最具有環保、護生的意識，也是最能徹底落實「眾生平等」的宗教。

乞貧乞富，心不均平

在佛教裏有一部深為大眾熟知的《金剛經》，經文開頭說：「爾時，世尊食時，著衣持鉢，入舍衛大城乞食，於其城中，次第乞已。」這是說明佛陀時代的僧團，佛陀與弟子每天早晨要外出托鉢乞食，藉此接近人群，弘法利生；托鉢時，要不分貧富貴賤，依序一家一家的沿門托鉢，稱為「次第乞食」。

「次第乞食」是平等精神的實踐，不過佛陀十大弟子中，苦行色彩濃厚的大迦葉尊者，他從來不到富有人家去托鉢受供，因為他認為富貴是由於過去世懂得布施種福田所招感的果報；既然今生已經這麼富有了，何必再去錦上添花呢？因此他寧可到貧窮人家托鉢，做窮人的福田，所以一直是「乞貧不乞富」。

解空第一的須菩提尊者正好相反，他覺得貧苦人家連自己的三餐都難以溫飽，何忍再去增加他們的困境；而富有人家布施少許財物一點也不為難，所以他是專門「乞富不乞貧」。

105.〈我們要尊重生命——二〇一〇國際青年生命學習營結營宣言〉，星雲大師著。

106.《當代人心思潮‧國際佛光會主題演說》——〈人間與生活〉，星雲大師著。

他們這種極端的行為被佛陀知道後，佛陀特別召集大眾開示說：乞貧乞富，都是心不均平，佛法應該建立在平等之上，儘管世間充滿了差別對待，但是我們的心要安住在平等法中，在平等法裏才能自受用、他受用。[107.]

大師藉用這則故事，說明「心不均平」正是今日社會紛爭的原因，因為人一旦有了比較心，就會有計較，有了計較，紛爭於焉產生。他感於「一般人都是要求別人給自己公平的待遇，事實上世間沒有真正的公平，因為理上雖說『佛性平等』，但在事上卻有『因果差別』，我們每個人從過去到現在所造的業不同，每個人的福德因緣都不一樣，自然境遇果報也不盡相同，因此世界上不可能有真正的公平，能公平的，只有靠我們的心去製造平衡；如果我們每個人都能明白因緣果報的道理，自然能超越世間的差別對待，人與人之間自然和合無諍。」[108.] 因此最後大師以《六祖壇經》的「心平何勞持戒，行直何用修禪」做為結論，意思就是說明，吾人唯有開發內在的真如佛性，徹底落實「佛性平等」的精神，世間才會有真正的平等。

「佛性平等」的思想，契應「佛陀本懷」

總說「人間佛教的星雲學說」，所以強調「佛性平等」，並且據此思想作為立論根本，主要就是因為人間佛教雖然強調「現證法喜安樂」，但世間不究竟、不圓滿，因為人有「生死」問題。生死來自於人的無明迷惑，因而造作種種善惡業，因為業報而感得六道輪迴的生死之苦，所謂「假使百千劫，所作業不亡，因緣會遇時，果報還自受。」（《華嚴經》）佛教的業力論說明，人的幸與不幸，不是由佛菩薩或神明所主宰，而是完全取決於自己的行為造作而定。

業是自作自受，但業並不是定型的，業有善有惡，善性就是佛性；世間上再怎麼壞的惡人，偶而也會有一念悲愍之心生起，只要有一念善心在，就有成佛的可能，所以學佛就是要開發佛性，因此要「諸惡莫作，眾善奉行」。也就是說，只要行善去惡，一旦惡業消除，佛性現前，就能證悟成道，就能離苦得樂，這才是佛陀「示教利喜」的真正本懷。

107.《佛教叢書・佛陀》——〈平等乞食〉，星雲大師著。

108. 同上。

人間佛教是佛陀一脈相承的教法，所以大師本諸「人人皆有佛性」的思想，讓人從建立自信、肯定自我，繼而由己及他，尊重別人也有佛性；因為佛性平等，所以應該平等對待一切眾生。

「佛性平等」的思想不但符合時代潮流，而且契應人間佛教「圓滿生命」的最終目標。因為真正的「生命」，就是眾生本具的真如佛性；根據佛陀證悟時說「大地眾生皆有佛性」，以及《法華經》的「情與無情，同圓種智」，在在說明，不只是人有生命，有情、無情眾生都有生命，都是人間佛教所要關懷、救度的對象。

只不過在十法界之中，人居於「上昇下墮」的樞紐，人道最好修行，所以人間佛教還是以「人」為本；但是生命的存在要靠眾緣成就，生命不能獨存，所以人要懂得尊重生命，要有「同體共生」的思想，要與一切眾生互助、包容，彼此才能共生共榮。

由此得出一個結論：人間佛教不僅「尊重人權」，更及於一切眾生「生權平等」的提倡，一切眾生都在人間佛教的度化之列，如此不但符合「佛性平等」的核心思想，也不會落入「只重人間」的侷限性。因為人間佛教旨在以「人間」為道場，希望透過「菩薩道」的實踐而漸次「圓滿生命」；正因為人間佛教最終的目標是「圓滿生命」，並且是及於一切「情與無情」都要「同圓種智、同證無生」，所以人間佛教不僅不會有「不究竟」的疑慮，尤其可以肯定的是，落實「佛性平等」的人間佛教，其實才是最能契應佛陀本懷，是最為究竟圓滿的佛教。

【第二章】緣起中道

星雲學說的真理闡揚

佛教是世界性的宗教，佛教與基督教、天主教、回教並稱為世界四大宗教。除此之外，世界上還有其他許多大大小小的宗教；構成一個宗教的基本條件有三，一是教主，二是教義，三是教徒。當我們決定要信仰哪個宗教時，首先應該對教主有所認識；教主本身，他的家世是否有史實可考？他的道德是否圓滿無缺？他的能力是否能導人解脫？能夠符合「信實、信德、信能」三個要素，加上所主張的「教義」合乎「真理」，這才是值得信仰的正信宗教。

說到「真理」，雖然每個宗教都認為自己所宣揚的教義是真理，但是真理也有他必備的條件，就是必須合乎「本來如是、必然如是、普遍如是、恆常如是」四個法則，如此才能成為顛撲不破的真理，才能經得起時空的檢驗。

例如，佛教教主釋迦牟尼佛，因為證悟「緣起」而成道，緣起說明宇宙萬法，包括我人的生命，乃至一花一木，都是「因緣和合」所生起；因緣和合而有的萬法，一旦「因緣離散」，一切復歸於無，這就是「諸法因緣生，諸法因緣滅」的道理。

這個說明世間萬法因緣所生的「緣起」法，是宇宙萬有生起，乃至生命起源的一個本質的、必然的、普遍的理則；宇宙所有一切法，都離不開因緣，過去有因緣，現在有因緣，未來也有因緣；因緣就是「法爾如是」，所謂「如是因，如是果」，一切都有其必然的因緣與果報，這是放諸四海而皆準，也是亙古今而常存、歷萬劫而彌新的道理，所以稱為宇宙人生的真理。

體證「緣起」是佛教信仰的根本

信仰佛教，就是建立在對此恆常不變的「真理」之信解、行持與如實的體證上！因此，佛教是個「智信」的宗教，佛教不同於其他宗教，如星雲大師說：世間一般的宗教，大多重視信仰或慈悲，唯有佛教不但講究慈悲，尤其重視般若智慧的開發，因為「唯有開發般若智慧，才能把『貪瞋癡』的煩惱轉為『戒定慧』的功德」109.；「唯有開發般若智慧，才能分辨邪正真偽，斷除煩惱，才能自度度人，究竟解脫」110.。因此，前面提及，大師主張：人間佛教的信仰不是迷信的膜拜，不是盲目的奉獻，而是從浩瀚的三藏十二部不朽經典中，覺悟出緣生緣滅等生命的真理。

109.《人間佛教叢書》第一集《人間佛教論文集》上冊——〈人間佛教的戒定慧〉，星雲大師著。

110.《佛光教科書‧佛教的真理》——〈般若〉，星雲大師著。

什麼是「緣生緣滅」等生命的真理？簡單說就是「緣起」。「緣起」是宇宙人生一切現象形成的法則，緣起說明世間一切有為法，包括自然界的山河大地、花草樹木、一沙一石等森羅萬象，乃至眾生界的有情生命等，都不是突然而有，也不能單獨存在，而是必須「依因託緣」才能生起。

就拿一朵花來說，要有種子的「因」，加上泥土、陽光、空氣、水分、肥料，乃至人工照料等助「緣」共同成就，才能發芽、茁壯、開花；沒有這些因緣和合，也就沒有花的存在。因此，眼前看是一朵花，其實是因緣和合的假相，是暫時存在的假「有」，他的自性其實是「空」；正因為花的自性本空，因此會有花開花謝的現象，甚至同樣的玫瑰花，可以透過品種改良而繁衍出上百種不同花色、花型的玫瑰花，這就是因為「性空」，故能隨著「因緣」改變而產生不同結果的明證。

萬法「緣起」而有，自性本「空」

換句話說，「緣起」而有的萬法沒有自主性，也沒有獨存性與永恆性，所以說「性空」；正因為萬法性空，因此世間上沒有恆常不變的東西，故說「無常」；也因為諸法「性空」、「無常」，所以才能隨著緣生緣滅以及因果的輾轉相生，而有變化無窮的宇宙森羅萬象生起；如果自性不空，就不能緣起萬有，這就是龍樹菩薩《中論》所說的「以有空義故，一切法得成；若無空義故，一切則不成。」

「空」是一切法之所依，如果沒有空性，萬物將不可能存在，因此物質的「有」，必須依「空性」而成立，這就是「緣起性空」，也就是「有依空立」的理論根據。

「緣起性空」的關係就如「拳」與「掌」，五個指頭合起來成為一個拳頭，這叫「緣起」；拳頭鬆開變成手掌，這叫「性空」。換句話說，從萬法因緣和合所生起的「事相」上說，稱為「緣起」；從諸法自性本空的「理體」上講，稱為「性空」。

諸法因為「緣起」而有，故知本性是空；因為「性空」，所以才能緣起萬法。由此可見，「空」是成就一切萬有的要因，所謂「空不礙有，有依空立」，「空有」其實是一如的，因此《心經》講「色即是空，空即是色」；如果我們能從「緣起性空」的真理法則，體證到「空有一如」的「中道」實相，就不會被「因緣合和」所現起的「假相」迷惑，也不會為「性空」所示現的無常而感傷，如此才能過著「不執有無、不偏苦樂」之兩邊的「中道」生活；有了這種中道的般若智慧，才能遠離顛倒妄想，才能解脫生死煩惱而走上成佛之道，這就是「人間佛教星雲學說」所以著重於「緣起中道」之真理闡揚的主要原因。

「般若」即「佛性」，是成佛的要因

大師弘揚人間佛教，如前所述，目的是希望建設「五和」的人間淨土，以「人間」做為修行道場，幫助眾生透過「菩薩道」的實踐來漸次圓滿「佛果」；而在實踐「菩薩道」以完成「佛果」的過程中，則少不得要有「緣起性空」的「般若」智慧才能貫徹始終，有以致之。

所謂「般若」，大師說，般若不是知識，不是學問，不是哲學，般若就是人人本具的「真如佛性」，是佛陀證悟的境界111.。般若本來不可說，也不容易說，因為「般若自性無能喻，凡夫二乘不能測，等覺菩薩不能知，唯佛世尊獨能了。」但是大師為了幫助大家藉由「文字般若」，多少也能嗅出一點「觀照般若」，乃至「實相般若」的氣息，因此分為四個層次來說明般若，即：眾生所能了解的般若是「正見」，聲聞、緣覺二乘人的般若是「緣起」，菩薩的般若是「空」，真正的「般若」則要等到成佛之後，才能真正認識。112.

換句話說，般若是正見「緣起」，了悟諸法「空性」的智慧；能夠認識「緣起性空」、「不生不滅」的諸法實相，就是般若。如《大智度論》說：「般若者，即一切諸法實相，不可破，不可壞。」故知般若是一種能透徹宇宙真相的智慧，有了般若就能認識「緣起性空」，進而能證悟宇宙人生的真理，成就佛道，所以般若是諸佛之母，是成佛的要因；沒有般若，就無法成佛，故而學佛首要之務，就是開發般若智慧。

大師感於眾生雖然「佛性」本具，亦即每一個人的自性裏其實都本自具足「般若智慧」，但是因為被煩惱無明所覆蓋，因此不能顯發；現在如果我們能夠開發自心本性的「般若智慧」，以般若的慧眼洞澈世間實相，讓我們生活能夠超越一切好壞、得失、有無，不被世間的金錢所買動，不受感情的誘惑而妄動，不因權勢的威迫而盲動，能夠活出自己的尊嚴，過著不被外境所動的般若人生，時時觀人自在、觀事自在、觀境自在、觀心自在，那麼人人都能自由自在的生活，自然就是人人都是「觀自在」了。[113]

111.《佛光教科書・佛教的真理》——〈般若〉，星雲大師著。

112. 同上。

113. 同上。

體悟「緣起中道」，才懂「人間佛教」

人生在世，每個人都希望活得自由自在，而不願意被別人牽著鼻子走，但是誰能給我們自在呢？大師說：答案就在於自己開發般若智慧，找回般若自性，如此才能活得自在114.。大師弘揚人間佛教，就是希望透過「緣起中道」的真理闡揚，幫助眾生開發本自具足的「般若」智慧，讓每個人都能像觀自在菩薩一樣，以「般若觀慧」來「照見五蘊皆空」，如此才能「度一切苦厄」。

因此，「緣起中道」是佛教重要的義理思想，也是人間佛教重要的精神內涵。因為如前提及，人間佛教一向重在菩薩道的實踐，而一個發菩提心、誓願實踐菩薩道的行者，必須信解「緣起中道」的真理正法，要能觀照「空有無礙」，如此才能以出世的思想作入世的事業，所以大師認為，一個人如果不能用生命體會「緣起中道」之理，不懂得發菩提心為眾生服務，不能明白眾生一體、彼此共存共有、人間一切都是因緣關係的存在，如此就不能說真正懂得人間佛教。

所謂「中道」，大師說：「『中道』其實就是一種『能量』！『能』者，能大能小、能早能晚、能有能無、能前能後、能苦能樂、能上能下，無所不能；

『量』者，就是包容，就是心量，就是無量的生命力。做人要能容、要有量，能量就是佛性，所以總結『中道』，就是發揮佛性，就是什麼都能，什麼都是無量無邊，此即中道義。」115.

在此還要附帶一提的是，大師透過「緣起中道」，闡明人與人、乃至人與一切眾生都是因緣關係的存在，彼此是「同體共生」的「生命共同體」，所以要「平等」對待一切「生命」，不僅人與人要「歡喜融和」，人對一切眾生更要懂得「尊重包容」，因為從緣起法來看，法界是一如的，人我也是一體的；唯有本諸「法界圓融」的思想，泯除人我與自他的界線，彼此互尊互重、互依互助，才能共生共榮，世間才有「和平」可言。

相對的，眾生唯有通達「緣起中道」的因緣觀，才能開發「般若智」，才能建立「無緣大慈，同體大悲」的「慈悲心」，進而落實為「化世益人」、「自覺行佛」等菩薩道的實踐，最終才能實現「法界圓融」的圓滿境界，這就是大師歷年來佛光會主題演說的思想依據，也是大師為什麼強調人間佛教的行者要有「因緣觀、般若智、平等心、菩提願」的主旨所在。

114. 同上。

115.《佛法真義》，星雲大師著。（現存佛光山法堂書記室檔案館）

「緣起中道」即「佛道」

「緣起」是佛教的根本教理，也是佛教異於其他宗教、哲學、思想的最大特性；「中道」則為佛教的根本立場，也是佛法不共世間法的特色之一。能夠體證「緣起中道」，就能得到佛法的真義，就能見性成佛。

當初佛陀就是因為證悟「緣起」而成道，「緣起」說明宇宙萬法都是由因緣和合所生起，其自性本「空」，因此稱為「緣起性空」；「緣起性空」也就是諸法實相，懂得「緣起性空」的諸法實相，就不會偏於「空」，也不會執著「有」，這就是「中道」的般若智慧。所以「緣起、空、中道」其實是同一個意義，都是在說明「諸法實相」，也就是佛陀所證悟的法身般若，故而《稻稈經》說「見緣起則見法，見法則見佛」。

這裏所謂的「見佛」，並不是指一般佛教徒修行感應，見到佛陀靈異現身，而是說如果我們能從緣起法中通達諸法的空性，就會知道「緣起」而有的一切法虛幻不實，如此就能從緣起法中見到諸法的「空性」，這就是佛陀的法身，因此《金剛經》說：「若見諸相非相，即見如來」。

佛陀的法身，其實就是眾生個個不無、人人本具的真如佛性。換句話說，能夠見到佛陀的法身，就能見到自己的真心本性，就能認識自己的本來面目，這就是禪宗所謂的「見性成佛」。由此可知，欲成佛道，必須諦觀「緣起」，這也正是大師雖然主張「一切佛法都是人間佛教」116.，卻重在「緣起中道」之真理闡揚的主要原因。

再者，佛教雖然有浩如煙海的千經萬論，但其實都是從「緣起」開展出來的；如《楞嚴經疏》說：「聖教自淺至深，說一切法，不出因緣二字。」佛教的經典雖然多如汗牛充棟，但是佛陀一代時教所說的空有、無常、因果、中道、三法印、四聖諦、十二因緣等教法，可以說都是為了詮顯「緣起」思想所作的方便教說。

例如，當初佛陀雖然是證悟「緣起」而成道，但是緣起法則深奧難解，佛陀成道後，為恐驟然宣說，會使一些尚未起信的眾生望而生畏，所以在初轉法輪時，佛陀以「四聖諦」來說明眾生生死流轉及解脫之道的緣起道理，進而激發眾生厭苦修道的決心。117.

116.《佛光教科書・佛教問題探討》——〈宗派〉，星雲大師著。

117.《佛教叢書・教理》——〈四聖諦〉，星雲大師著。

四聖諦與緣起、三法印，是構成佛教教義的三大綱領，名稱雖然不同，意義卻是相通的。因為緣起論的主要內容是十二緣起，而三法印是緣起論的思想基礎，四聖諦則是緣起論的具體型態；三者都是初期佛教的根本思想，以後的經論，莫不由此開展而來，因此大師在《佛教叢書》裏，特將緣起、三法印、四聖諦，歸類為「佛教的根本佛法」118.，並且分篇介紹。大師認為，若能理解三者，也就能把握佛陀的根本思想了。

「緣起」與人生

大師弘揚人間佛教向來秉持佛陀本懷，他深體佛心，深解佛法要義，尤其深感「緣起」與人生有著十分密切的關係，人生的各種關係存在，可以說都離開不了「緣起」的道理。例如，從緣起法可知，世間任何事情的結果，都是由因緣所成，所以我們要想獲得快樂的人生，就必須培植好因好緣，要想擁有和諧的人際關係，便須廣結善緣；如果沒有植下善因善緣，一旦嚐到苦果，也要懂得改善因緣，而不是一味的在果報上計較，乃至怨天尤人，徒使自己陷入重重的煩惱中。所以，了解因緣果報的關係，能使我們懂得改善逆緣，培植好緣，廣結善緣，隨順因緣。119.

換言之，「緣起」法告訴我們，世間的一切事事物物，都有因果關係，所謂「種如是因，得如是果」，因此個人的窮通禍福、幸與不幸，並非有一個神明可以主宰，也不是別人所造成，一切都是自己身口意三業造作的結果；有了這樣的認識，就懂得慎防於因，以免造業而「自作自受」。萬一不幸過去造作的惡業現前，也要平心靜氣、心甘情願的坦然受報，如此「隨緣消舊業，莫再造新殃」，而不是一味的怨天尤人、憤恨不平，這才是真正的「自心和悅」。因此，若是人人都能了悟「緣起性空」，明白「因緣果報」的定律，那麼大師所倡導的「自心和悅、家庭和順、人我和敬、社會和諧、世界和平」的「五和」人間淨土，自然會有實現的一天。

另外，大師說：緣起法啟示我們，世間萬法是「無常」的，好的有可能變壞，壞的也有可能變好，因此縱使遇到困難、挫折，只要我們堅忍不拔地朝向正確的人生目標努力，一切的困難挫折終會成為過去，因為因緣所生的萬法，有賴於諸緣，一旦因緣散失，所生的諸法自然亦趨於散滅，所以「無常」可以為我們帶來新的希望。120.

118. 同上。

119.《佛教叢書．教理》——〈緣起〉，星雲大師著。

120. 同上。

再者，諸法既是因緣所生，自然空無自性，無自性便無法自我主宰，所以說「無我」；我們若能正觀緣起的諸行無常、諸法無我，就能通達無礙，遠離一切愛欲、煩惱；煩惱是繫縛眾生，使眾生不能解脫自在的最大障礙；煩惱既除，當然就能獲得生命的解脫。121.

由於大師深切了解緣起對人生的重要，為了幫助世間大眾確實把握「緣起」的奧義，因此他以「果從因生、相由緣現、事待理成、多從一有、有依空立、佛是人成」122. 等六條因果法則來詮解「緣起」，希望「藉事顯理」，有助於大眾容易通達明了。

1. **果從因生**：緣起的先決條件是「因」，有「因」再加上「緣」，條件具足，才能生「果」。「因」是生起萬事萬物主要的、內在的條件，是生果的直接力；「緣」是外在的條件，能助因生果，是生果的間接力。所以，萬有諸法之所以存在，必定有其生成的因緣，這就是「果從因生」的理則。

2. **相由緣現**：「法不孤起，仗境方生」，這個「境」就是因緣，世間一切現象都是因緣和合所產生的假相，本身並無自性，所以說「緣起性空」；由於無自主性，所以能隨著緣生而現，緣滅而散，因此說「相由緣現」。

3. **事待理成**：宇宙萬法的生起，固然是要有因有緣，但是在因緣果報的生起上，還有著普遍的理則，也就是因果的法則。譬如：種瓜得瓜，種豆得豆；種瓜不能得豆，種豆不能得瓜。「如是因感如是果」，違背了這個「理」則，便不能成其「事」，所以說「事待理成」。

4. **多從一有**：在一般人的觀念裏，「一」就是只有一個，「多」就是有很多個；但是在佛教看來，一就是多，多就是一，甚至「多從一有」。譬如把一粒水果種籽埋到泥土裏，經過灌溉施肥，而後長大開花，結出一樹纍纍的果實，這都是由一粒種籽而來。因此，佛教譬喻布施如播種，「一文施捨萬文收」，其道理和「一粒落土百粒收」是一樣的，這也正是「多從一有」的理論根據。

5. **有依空立**：世間上的人，往往有一個錯誤的觀念，以為空是沒有。在佛教裏面，空才能有，例如房子不空，就不能住人；耳朵、鼻子、口腔、腸胃不空，我們怎麼能生存？我們口袋不空，東西放到哪裏？世界虛空不空，森羅羅萬象如何安放？因為空，才有一切，有是依空而立的，所以，《般若心經》云：「空即是色，色即是空。」龍樹菩薩在《中論．觀四諦品》中提出「以有空義故，一切法得成；若無空義故，一切則不成。」這就是「有依空立」的理論根據。

121. 同上。

122. 同上。

6. **佛是人成**：佛陀悟道之初，曾經宣示說，眾生皆有佛性，人人皆可成佛，但因煩惱無明覆蓋，因此不能證得；只要斷除無明，拂塵去垢，開顯佛性，自能證悟成佛，因此有所謂「佛是已覺悟的眾生，眾生是未覺悟的佛」。《大乘理趣六波羅蜜多經》卷一說：「一切有情入佛智，以性清淨無別故；佛與眾生性不異，凡夫見異聖無差。」這就是「佛是人成」的最佳佐證。

此中，對於「有依空立」的道理，大師特別以生動的生活事例來說明。大師舉譬說，一張桌子，它是由木頭做成，木頭來自大樹，而大樹又是由種子的「因」，加上泥土、空氣、陽光等眾「緣」結合而成，所以一張桌子，眼前看它是「有」，其實它只是靠著各種條件，也就是眾緣和合所生成的假相，既然是依條件因緣而成，因此說它的自性是「空」。

但是這個「空」並不是什麼都沒有的空，而是萬法的「空性」；事物本身如果不具備空，就無法顯出它存在的價值與作用，這個作用就是「空用」。譬如，沒有空地就不能建房子；人體的構造，如耳朵、鼻孔、排泄系統等，如果不空，就不能呼吸、排泄，乃至活命；袋子如果不空，就不能裝東西，所以要「空」才能「有」，宇宙諸法就是建立在這個空義上。[123]

肯定「空」，才能建設「有」

「空」是佛教的重要思想所在，一切佛法雖然是從「緣起」所展開出來的，但是緣起的另一面就是「性空」。「空」是無法推翻的真理，大師認為佛教講「空」，是一項對人生很有貢獻的學說，能夠認識「空」的真理，可以讓人看破，進而從「空」中建設「有」。因此，肯定「空」，才能建設「有」；有了「空」的人生觀，可以昇華人生的價值。124.

但是長久以來，一般人錯解了「空」，總以為「空」「有」是相互對待的兩個境界，凡事沒有了才是「空」、毀滅了才歸於「空」，所以講到空，都很害怕，都會心生排斥。

大師提倡「人間佛教」，他總是從積極面去引導人認識佛教、了解佛法，因此針對一般眾生不喜歡「空」，而喜歡「有」的根性，總在平常開示時，使用淺顯易懂的譬喻來說明空與有關係。例如，大師說「空」是因緣，是正見，是般若，是不二法門。「空」是無限，就像數字中的「0」，你把「0」放在「1」

123.《星雲大師講演集》第一冊——〈佛教的特質是什麼〉，星雲大師著。

124.《佛法真義》，星雲大師著。（現存佛光山法堂書記室檔案館）

的後面，它就是「10」；把「0」放在「10」的後面，它就是「100」；把「0」放在「100」的後面，就變成了「1000」……，它可以無限的增加至天文數字。「空」也像數學中的「X」：你把「X」擺在哪裏，它就能解出什麼，所以「空」無所不包、無限廣大。「空」不但不是破壞「有」，而且是成就「有」、建設「有」。

「空」，可以說是最富有建設性的真理，因此大師強調，「空」建設了「有」，建設了人生，建設了宇宙萬法，因為「空」才生出宇宙萬物。「空」與「有」的關係就像拳與掌、水與波，看似兩個，其實理體是一，如《般若心經》講「空即是色，色即是空」，所以說「空有」是一如的。

既然空就是有、有就是空，那麼佛教最讓一般人產生誤解的「四大皆空」，從另一個角度來看，不也可以說是「四大皆有」嗎？既是如此，大師因此一反傳統的說法，乾脆把「四大皆空」說成「四大皆有」。

當然，大師說「四大皆有」並非表示四大不空，他只是權巧的從「緣起」的角度來說「有」，所謂「寧起有見如須彌山，不起空見如芥子許」，大師先讓人肯定假有的存在，從「有」上去體認「空」義，之後再從「空」上建設「有」，如此調和「空有」之後，才能過著空有不二的圓融生活。

事待理成，果從因生

空有融和，就是一種中觀的般若智慧。大師認為，生活中懂得「空有一如」，日子才會過得安樂自在，因為有了「空有一如」的中觀般若智慧，可以直接契入世間實相，遇到事情就懂得「事待理成」，碰到結果就知道「果從因生」；知道種什麼「因」就會結什麼「果」的道理，遇事自然不會怨天尤人，而懂得從原因上去追查，如此才能根本解決問題，才能發揮能量，才能顯現佛性[125]。所以「緣起中道」、「空有一如」的思想闡述，是「人間佛教星雲學說」很重要的精神內涵。

其實當初佛陀宣說「緣起」，本來就是為了對治眾生執於空有二端的弊病；唯有離於空有二邊，才能印證「中道實相」，也就是「空有一如、真俗不二、色心並舉」的真諦。

所謂「色心並舉」，大師指出，《華嚴經》說：「若人欲了知，三世一切佛，應觀法界性，一切唯心造。」華嚴宗主張三界都是一心所作，也就是說，客觀的世界，須有主觀的心照射之，方能現出客觀事象。而且客觀的世界映入我人眼中，由主觀加以認識，全憑心智，所以《般若經》說：「於一切法，心為善

125.《如是說》，星雲大師著。（現存佛光山法堂書記室檔案館）

導，若能知心，悉知眾法，種種世法，皆由心生。」離卻心識，則無萬象可談，所以說：「三界唯心，萬法唯識。」佛法以一心統攝諸法，並不落於一邊，而是借現實以啟發心靈，本心靈以照見現實，這就是不偏唯心、不偏唯物，色心並舉的中道觀。*126.*

所謂「真俗不二」，大師說，佛法分真、俗二諦，真諦又名第一義諦，或勝義諦，是出世間法；俗諦又名世俗諦，是世間法。佛陀的一代時教，不出此二諦法門，《中論・觀四諦品》說：「諸佛依二諦，為眾生說法，一以世俗諦，二第一義諦。」二諦是佛法的綱要，所謂空、有，都是依此而開顯的。佛說二諦的本意，是為了引導眾生趨向中道，但後世論師由於見解、觀點上的不同，強分空有、真俗，而有「真空俗有」與「真有俗空」的說法。事實上，二諦是從不同的認識而安立的兩種真實，雖然不是彼此無關，但卻是各就所見而說，如同一現實的世界，凡夫見之，視為實有，這就是世俗諦；聖者灼鑑，知其是空，這就是真諦。所以，即真即俗，二諦無礙，這就是中道的旨趣所在。*127.*

所謂「空有一如」，大師認為，一切有為法都是因緣所生的假有，本性是空，因此我們不要從假象上執有，應該從假有中認識空性，但是也不能從空性中執空。因為儘管緣起法是幻有、假有，但也並非虛無，我們可以從空性中看到妙有，所以真正了解緣起法的人，不會在一切法上執著實有，所謂「色即是空」；也不會在一切法上執著虛無，所謂「空即是色」。如此悟入非空非有，空有不二，就是中道。128.

綜上所述，可知「色心並舉」為不偏唯心，亦不偏唯物的中道觀，因此大師一向對「真常唯心、虛妄唯識、性空唯名」等各宗各派的主張，都是兼而弘之。此外，「真俗不二」就是既是真諦，亦是俗諦的中道思想，因此對於過去有人質疑，人間佛教所從事的各種弘法事業與活動，是世俗諦的佛教；對此大師認為，「不依世俗諦，不得第一義諦」，因此強調「第一義諦是人間佛教，世俗諦也是人間佛教」129.。至於「空有一如」，則是指不執空、不執有的「真空妙有」。

126.《佛教叢書・教理》——〈中道〉，星雲大師著。

127. 同上。

128. 同上。

129.《如是說》，星雲大師著。（現存佛光山法堂書記室檔案館）

通達「空有一如」，人生無比富有

大師對「空有一如」的通達、體悟，可以說早已流入到他的身心血液裏，融會到他的思想言行中，成為生命裏重要的養分與智慧。如他在《往事百語》・〈要空，才能有〉一文寫到，自己剛出家時，奉師父志開上人之命到棲霞律學院就讀。有一天，教授國文的覺民法師在黑板上寫了「以菩提無法直顯般若論」十個字，要大家以此為題寫一篇作文。當時大師才十二歲，自從上課以來，他從沒聽懂過一句經文，面對這十個字更像天書一樣，叫他摸不著邊際，於是只好東抄西湊，糊里糊塗地交了卷。及至後來，大師歷經世事滄桑，又講說過多次的《心經》和《金剛經》，當他再度回憶起當年這個題目時，這才恍然大悟：「菩提無法」是「空」，「直顯般若」是「有」，整句話的意思就是「要空，才能有。」

大師說，世間上的人往往將「空」與「有」劃分成兩個截然不同的東西，認為「空」的不是「有」，「有」的不是「空」；但其實佛教講「空」，是要「空」諸執著，「空」諸兩邊，「空」諸假相，「空」諸對待，以還給我們一個真實的世界，因此「空」不但沒有破壞性，反而是建設宇宙人生的本體。

大師回憶他剛到台灣時，身無長物，但並不覺得窮，也不覺得苦，因為十年叢林的「空」慧教育，讓他感受到一個人不必以擁有物質為滿足；因為天空中，星月交輝可以供人自由欣賞；公園裏，花樹繽紛可以讓人恣意觀看；市街上，各種道路可以任人行走；自然界，鳥獸蟲魚可以隨人結緣。由此大師深深感受到，自己實在是個擁有三千大千世界的富有之人。

由於大師人生的歷練豐富，對佛法的體悟深刻，尤其對「空有」的義理領略很多，因此也讓他領悟了人生的另一個哲理：「什麼都是我的，什麼都不是我的！」他在《往事百語》的〈什麼都是我的，什麼都不是我的〉一文裏，談到自己生長在戰爭頻仍的大時代，曾歷經北伐、中日之戰、國共之爭；後來到了台灣，為了弘揚人間佛教，他從南到北走遍了整個台灣。這一路行來，大師說：「麗日風雨，兼而有之。」因此讓他對宇宙萬象有了一番不同的體認，他覺得「如果用入世的眼光來看，什麼都是我的，其實什麼都不是我的；如果用出世的態度來看，什麼都不是我的，其實什麼都是我的。」130.

大師認為，人生在世，太過執著於擁有的人生固然辛苦，太放棄、太空無的人生也未免過於晦澀，最好是能將兩者調和，以出世的思想做入世的事業，以享有而不佔有的觀點來奉獻社會，才能為自己、為大眾鋪設一條康莊的人生大道。

130.《往事百語》（四）——〈什麼都是我的，什麼都不是我的〉，星雲大師著。

「什麼都是我的，什麼都不是我的」，這就是「空有一如」；能夠洞悉「空有一如」，就能「既能有，也能無」；能有能無的人生就能歡喜布施、喜捨給人，就能懂得感恩知足而享有「另類的財富」，所以大師說：懂得空有一如，世上就沒有窮人！131.

以無為有，以眾為我

因為大師懂得空無的妙用，所以他對世間的一切，來了並沒有覺得歡喜，去了也沒有覺得可惜，他覺得人生應該任性逍遙，隨緣放曠，能夠與道相應、與法相契，就是最富有的人生了。因此，他對弟子開示說：「我一生奉行『以無為有，以眾為我，以退為進，以空為樂』的人生觀，凡我出家弟子，都應該本諸出離心，須知『佛道遍滿虛空，真理充塞法界』；法界一切，都是我的，但形相上的無常，一切都不是我的，不要對世俗有太多留戀。人間佛教雖然不捨世間，但是『猶如木人看花鳥』，一切不要太去著意，不要有太多分別，凡我徒眾，擁有佛法就好，金錢物質，儘量布施給人。」132.

大師一向言行一致，對於自己所立下的人生準則，都是如實的徹底奉行。例如，大師一生從來沒有個人的擁有，在他名下，沒有一座寺院，沒有一間房子，也沒有一部車子，甚至沒有一張屬於自己專用的桌子，連一個抽屜、一把鎖匙都沒有，更別說私人的存款了。

大師不要錢，也沒有錢；正因為他沒有錢，也不要錢，所以才能建設佛光山，才能成就各種弘法事業。因為大師說：如果他很有錢，還有誰會願意捐錢來護持他呢？如果他要錢，有了錢就留為己用，如何建設佛光山，如何推動佛教事業呢？因此，「無」並非「沒有」，因為「無」、因為「不要」，反而得到更多，所以大師一生的成就，都是因為「以無為有」，都是因為「不要而有」。

大師奉行「以無為有」的人生觀，這是他多年修行體驗所得的佛法智慧，而他也總是把個人修行的心得體悟，化為一句句的智慧法語，如他在《佛光菜根譚》說：

以謙虛忍讓養深積厚，……………………即空
在無求無得中享有三千大千世界，…………即有

131.《如是說》，星雲大師著。（現存佛光山法堂書記室檔案館）
132.《真誠的告白》，星雲大師著。（現存佛光山法堂書記室檔案館）

以犧牲奉獻融和人我，……………………即空
在泯除對待中得到無量法喜禪悅。……………即有

這就是一種「空有一如」的修行境界，這也是大師一生最佳寫照。

空有妙詮，信手拈來

大師通透「空有一如」的佛法要義，因此在他的開示及著作中，信手拈來，處處可見。例如：

大師說：「佛教的真理，用二個字表達，是『緣起』；用一個字表達，是『空』。有人問：什麼是『空』？我們可以告訴他，電視機本來什麼都沒有，但是開關一開，一百多個電視台，裏面有話劇，有歌舞，有世界史，有山川河流，萬有俱全。」133.

大師認為：「人生懂得緣起的道理，就能認識『空有一如』；建立『空有一如』的人生觀，則來的隨他來，去的任他去，就能不受世間的無常變動所左右，就不會執著於苦樂、有無、榮辱、去來等世間虛幻的現象而受其干擾，而能過著解脫自在的人生，這就是佛教三法印『諸行無常，諸法無我，涅槃寂靜』的最佳詮釋。」134.

大師表示：「懂得把『空有』融和，就是一種『中觀』的般若智慧。般若有知苦滅苦、觀空自在的功用；一般凡夫的生活，每天隨著六根追逐虛妄的六塵，於是活在虛妄不實的世界裏，容易顛倒妄想，起惑造業，因此輪迴不已。沒有般若的人生，欠缺正見，容易為外境煩惱所轉；有了般若，便可以開發自性之光，證悟自己真實的生命，從生死的此岸安度到解脫的彼岸，這就是『般若波羅蜜』。」135.

大師指出：「『空有不二』的調和世界，是絕生佛之假名、超生死之對待、泯自他之差異，是非空非有、亦空亦有的真理世界。懂得『空有不二』，生活中就能隨緣而放下，自在而不執著。譬如錢財被人倒閉了，有了空的涵養，「看得破，有得過」，把它當作是前生欠錢，今世還債；或者進一步視為行布施供

133.《迷悟之間》——〈空的真理〉，星雲大師著。

134.《如是說》，星雲大師著。（現存佛光山法堂書記室檔案館）

135.《佛光教科書・佛教的真理》——〈般若〉，星雲大師著。

養，表示自己是個有辦法的人才能給得起別人，如此轉念一想，便能心平氣和，快樂過日子。這種空雖然不是佛法的空，但是已經有如此的成效，如果能體證真正畢竟空的境界，其中的自在逍遙，真是無法言喻。」136.

大師開示：「認識『空有一如』，即知世間法雖然是『緣起』而有，所以是『無常苦空』；無常苦空雖然是人生的實相，但在無常之中，人人皆有一顆不變的真心，也就是不生不死的生命。所以，從另一個角度來看，生命本來就是『永生』，就是『不死』的，死的只是肉體。例如茶杯破了，想將茶杯復原不可能，但是杯裏的水流到桌上、地上，用抹布把水吸起來，一滴也不少。因此，身體雖然有生老病死，但是生命的水是永恆不滅的。」137.

大師認為：「了解『空、有』是求得解脫之道，但是『空、有』的真諦並不容易理解，沒有透過勇猛精進的大修行而體認『空』的真正道理，縱然有所認識，所認識到的『空』是對立於『有』的假空，而不是真正的『空』。真正的『空』是超越有無對待，是絕對的絕對。」138.

大師感於：「凡夫眾生的妄心執假為真，總是想要擁有越多越好！其實，『有』就是住著，『有』就是有限，一旦生起『有』的觀念，比較、計較之心隨之生起，生活也就失去了樂趣。《金剛經》說：『應無所住而生其心』，我們的真心只有在『無住』之中才能生起。『無』，是無限，是無爭，所以體證了『無』的無限無爭，就可以在無邊的法界中稱性遨遊，隨遇而安，而能怡然自得，不為外境所染。」139.

隨緣應機，談空說有

大師曾連續三十年，每年在台北國父紀念館舉辦一次佛學講座，他曾以「從金剛經說到般若空性的研究」為題，透過金剛經的主旨、金剛經的空理，教人逐步從有上認識空，繼而在生活中體證「空有一如」的般若空慧。140.

136. 《星雲大師講演集》第三冊——〈談空說有〉，星雲大師著。

137. 《人間佛教叢書》第二集《人間佛教當代問題座談會》——〈佛教對「生命教育」的看法〉，星雲大師著。

138. 同上。

139. 《佛教叢書‧教理》——〈明心見性〉，星雲大師著。

140. 收錄於《星雲大師講演集》第一冊，星雲大師著。

另外，大師的著作《金剛經講話》、《成就的秘訣：金剛經》，以及同為般若空系的《般若心經的生活觀》等，內容都是透過經典的故事、譬喻，以及一些生活的事例，深入淺出的把深奧的空義顯發出來，希望讓人在行住坐臥中實踐佛法，體會「空有一如」的妙用。

大師除了依據經典來闡述空義，平時更常直接以「空有」為題，靈活生動的「談空說有」。例如，一九八三年十一月十六日，大師就是以「談空說有」為題，在彰化縣政府大禮堂，對著滿堂信眾暢談「空有的意義」，教人如何「從有了解空」，如何「從空建設有」，以及如何過「空有不二的生活」。141.

另外，一九九二年十二月五日，大師在香港紅磡體育館講說「空與有」，他從「緣起中道、因果法則、業力潤生、空有一如」等四個方向來詮釋「空與有」的義理思想。142.

除此之外，大師在他編著的《佛教叢書》及《佛光教科書》裏，同時對「緣起」、「空有」、「中道」作了專章的論述，因為這三者都是佛教重要的根本教理，而且彼此有相通的一貫性，如龍樹菩薩在《迴諍論》說：「佛說空、緣起、中道為一義。」

大師說明此中的道理，在於「緣起」是宇宙人生一切現象形成的法則，諸法因為「緣起」而有，所以「空」無自性；但是「空」並不否定「緣起」的假有，而是在萬法現象上，觀察其無自性的空。因此，「緣起」（有）與「性空」（空）並不是對立的，而是一體的兩面。

換句話說，我們若能由「緣起」而正見自性「空」的真義，便不會落入執「無」的邊見；了知「緣起」為自性「空」的道理，便不會落入執「有」的邊見。所以佛陀說「緣起性空」，主要就是為了讓眾生因「空」而知「有」，因「有」而達「空」，目的是要對治眾生「空」、「有」兩端的執著，所以我們若能真正通達緣起，對諸法便不會執著實有，也不會執著全無，所謂「色即是空，空即是色」，如是體悟非空、非有，就是「中道」。

141. 收錄於《星雲大師講演集》第三冊，星雲大師著。

142. 見《星雲日記》第二十冊，星雲大師著。

「緣起中道」貫通「真俗二諦」

如前提及，中道是佛教的根本立場，中道就是超越有無、增減、苦樂、愛憎等二邊的極端與邪執，是不偏於任何一方的中正之道。「中道」不但貫通了「空有」，同時也連繫了「真俗二諦」。

「真諦」就是不生不滅的「空性」，「俗諦」則是緣生緣滅的「假有」。從世俗諦來講，世間一切有為法都是因緣和合而有；因為是因緣所生，所以隨著緣聚而有、緣散而滅，因此無自性；因為無自性，所以是「空」。

相對於世俗諦的諸法無自性而言，若從聖義諦來看，「空」就是諸法的自性，因為有「空」，所以才能生成萬法，因此才有世間萬有的種種假相，所以「空不礙有、有依空立」，因此「空有一如」，空就是有，有就是空。

「空與有」不但把世出、世間法貫穿起來，同時也為凡夫眾生搭建了一條成佛的康莊大道。學佛所謂要「理解真理」，就是要懂得「空有一如」，如此才能「真俗圓融」，才能把握佛法的真實義，如《中論》說：「諸佛依二諦，為眾生說法；一以世俗諦，二第一義諦。若人不能知，分別於二諦，則於深佛法，不知真實義。」

佛陀一生說法，都不出真俗二諦，也就是世俗諦與第一義諦。世俗諦是世間法，是凡夫的世界；第一義諦是出世間法，是聖者的境界。站在世間法的角度來看，世間一切有為法都是因緣和合所生；因為是「緣起」而有，所以生滅「無常」；因為無常，所以有「苦」受；苦也是因緣集起的，並沒有一個單一不變的實體存在，所以說「無我」；因為無我，所以「空」無自性；空就是「佛性」，也就是「常樂我淨」的真如本體，這是無為法，是佛的境界。

換句話說，儘管佛教講世間無常、世間是苦，但還有一個「空」；「空」就是佛性，只要我們證悟空性，就能獲得一個涅槃寂靜的真實世界。我們學佛修行，就是要從凡夫無常苦空的此岸，走向悟道後永恆安樂的彼岸，所以要了知世間法與出世間法。所謂「煩惱即菩提」，煩惱是緣起而有，佛陀因為證悟緣起而成道，所以不入煩惱大海，就沒有佛果可證，此即「若不依俗諦，不得第一義；不得第一義，則不得涅槃」的道理。

佛教因為有聖義諦與世俗諦，因此能圓融的解釋世間所有問題，且能提供解決之道，而居中貫串真、俗二諦的主要義理，就是「緣起性空」，也就是「空有一如」的「中道」，這也就是「人間佛教星雲學說」所以著重於「緣起中道」之真理闡揚的主要原因。

凡夫愚迷，易為假相迷惑

懂得「緣起中道」，才能建設「空有一如」的思想，才能融合「真俗二諦」，才能把握佛法的真實義，才能看清世間萬法的實相，如此也才能認識生命的本體與真諦。只不過凡夫愚迷，世間的眾生一向習慣在虛幻不實的假相上執取，因此隨著「緣生緣滅」的虛妄假相而起伏妄動，所以不能了解佛法的真諦。如僧肇大師在《物不遷論》說：世間大眾面對人生的生死交替、四季的寒暑更迭，總認為有個東西在遷流變化；事實並非如此，人們肉眼所見的遷流變化都是不真實的假象，因此說「物不遷」；但若因此說世間一切都是靜止不動，也非事實，真正說來應該是「動靜一如」。

「動靜一如」的根本道理，要想說得清楚，並不容易，因為世間大眾的見解往往與佛教的真理相抵觸，因此如果順應真理而說，難免與世俗的見解相抵觸，如此就無法引起人們的興趣；但是如果違背真理，就會誤導大眾，迷失真心，這也有違佛陀示教利喜的本懷，所以當初佛陀證悟後，很快就想進入涅槃，就是有感於此。

佛陀成道之初，發現自己所證悟的道理，與世人所認知、追求的，完全背道而馳。世人認為涅槃佛性是虛無空幻的，財富名利等五欲六塵才是真實的；世人覺得解脫自在的禪悅法喜是遙不可及的理論，世間的聲色之娛才是實在的。佛陀有感於此，故而萌生涅槃之念，所幸後來有帝釋天請佛住世，今日人間才有佛法可聞。

佛陀說法四十九年，最初宣講《華嚴經》，說的是佛陀自己證悟的境界，因為佛果甚深不可思議，只有普賢、文殊等大根性的菩薩才能承受法益，其他小根小器的行者不解其義，個個如聾若啞。佛陀為了方便接引眾生，因此不得不改為宣說三根普被的阿含、方等諸經。

及至到了最後八年，佛陀講說《法華經》，雖然強調「唯有一乘法，無二亦無三」，但佛陀還是方便施設了「化城」，以「會三歸一」、「化權顯實」，漸次引導眾生走上佛道。所以佛法有「權實二教」，也就是「究竟真理」之外，還有「方便法門」，因此有「第一義諦」和「世俗諦」。

真諦俗諦，都是人間佛教

所謂「不依世俗諦，不得第一義諦」，人間佛教就是要把世俗諦與第一義諦融和起來，循序漸進的引導人認識人生，繼而從人道通往佛道，所以大師說：第一義諦是人間佛教，世俗諦也是人間佛教。

只是「真俗」之間，所謂「談真則逆俗，順俗則違真」，如何達到不違佛說的真理，又要符合人要的利益，這就是一大智慧。大師的人間佛教所以能成功受到世人接受，就是因為他的說法「真俗一如」。

大師說法，一向不太喜歡引經據典，他不像過去傳統的講經，都是以經解經，或是說文解字、照本宣科；大師講經說法，總是把經典的要義，乃至根本佛法的義理思想加以融會後，再用一般人能聽得懂的語言表達出來。

尤其大師對於傳統的法師講經，常常都是否定人間現實的需要，例如談到金錢，就說「黃金是毒蛇」；談到夫妻，都是「不是冤家不聚頭」；講到兒女，則是「一群討債鬼」；論及世間，凡事都是「無常」的。如此充滿出世、厭離的思想，讓人對佛教望之卻步。

對此大師認為，佛教其實並非全盤否定金錢，佛教對於取之有道的金錢，稱為淨財；淨財可以推動各種事業發展，使社會安和樂利。佛教認為妻子兒女、親戚眷屬，只要彼此尊重、互敬、互諒，可以成為道友法侶，建設和樂的佛化家庭。佛教雖然講世間無常，一切都在不停的變化，但正因為變化，所以壞的才能變成好的，惡的才能變成善的，凡夫也才能成為聖人。

因此，大師呼籲佛教界的人士，不要一味的把出世的思想完全加諸在每一位佛教徒的身上，造成他們有消極、厭世的想法；大師主張應該宣揚樂觀、喜悅的佛教，以增進家庭的幸福安樂，提升人類的慈悲、道德，帶動人間的生活更和諧美滿，這才是佛陀示教的真諦。143.

大師因為深諳「欣樂厭苦」是人之本性，尤其「人之性，在於有所得」，因此他詮釋佛法，都非消極的制止，而是教人積極的實踐，以獲得法益。他在「如何建設人間佛教」一文中，明白指出，人間佛教所要建設的是「生活樂趣、財富豐足、眷屬和敬、慈悲道德、大乘普濟、佛國淨土」的人間佛教。

大師一方面隨順現實人生的需要，不否定世俗生活對物質、感情的追求，繼而又提出人間佛教的財富觀、感情觀、道德觀等，以引導人進一步充實心靈

143.《佛教叢書・人間佛教》——〈如何建設人間佛教〉，星雲大師著。

的生活、擴大精神的世界，讓人懂得「外財固然好，內財更微妙」，讓人過著「吾有法樂，不樂世俗之樂」的佛化生活。

當人心經過佛法的薰陶，把追逐五欲六塵的染污欲，轉化為欣慕解脫自在的善法欲，把自私小我的情愛，昇華為人我一如的慈悲大愛，這種「淨化的」、「善美的」佛性之顯發，當下就是人間淨土的實現，這才是人間佛教所要達致的最終目標。

過去有人質疑，認為人間佛教是「人道」，不契合第一義諦的「佛道」，但是大師說：「太虛大師講『仰止唯佛陀，完成在人格；人成即佛成，是名真現實。』這不就說明了人間佛教也是第一義諦嗎？」

「真俗圓融、空有一如」，這是人間佛教重要的精神內涵，不能「真俗圓融」，就無法弘化人間；不懂「空有一如」，就不能認識人間佛教。因為有「空有一如」的體證，才能以出世的精神，做入世的事業，如此才能融入世間，而不被世間的五欲六塵所染，也才能借假修真，發揮生命的功用，利用難得的人身，透過菩薩道的奉行，在自利利他的同時，開發自己本具的佛性，同時創造人間淨土，這就是人間佛教重在「緣起中道」，也就是「空有一如」之真理闡揚的目的所在。

大師「悲智雙運」，說法「事理圓融」

所謂「佛說一切法，而無一法可說」，菩薩度眾，若是只有慈悲還是不夠的，因為如果不懂「緣起性空」的真理，就容易著相，所以要「悲智雙運」，才能度眾無礙。由於大師通透「真俗二諦」的佛法精髓，因此說法總能「事理圓融」，不但深入淺出，而且生動活潑。大師對「空有一如」的義理宣揚，不會刻板的引經據典，也不是只講深奧的理論，他總是引用一些生動的故事、譬喻及事例，甚至以自身的體悟來引導人進入「空有一如」的不二法門。

以無勝有

大師最常以道樹禪師「以無勝有」的故事，來說明順應自然，實踐「空」理的好處：

道樹禪師所建的寺院與道士的廟觀為鄰。道士們因為放不下觀旁的寺院，所以每天作法來擾亂寺眾，時而呼風喚雨，撒豆成兵，時而風馳電掣，

魔影幢幢，果然把不少年輕的沙彌們都嚇跑了。道樹禪師卻不為所懼，在這裏一住就是十多年。最後道士的法術全都用盡了，只好將道觀放棄，遷離他去。

有人問道樹禪師：「道士們法術高強，你是怎麼勝過他們的？」

道樹禪師答道：「我沒有什麼法術，我是用一個『無』（空）字勝了他們。」

「『無』，怎能勝過他們呢？」

「他們有法術，『有』是有限、有窮、有盡、有量、有邊；而我無法術，『無』是無限、無窮、無盡、無量、無邊。所以，我『無』變，當然會勝過他們的『有』變了。」

最後大師詮釋說：「有」就會有得有失，「有」是有限、有礙的，因此找真「有」，不能在幻有中找。如果你能擁有「空」的思想，即使遭遇到迫害危難，也不會有所失落，反而更能顯出你磊落的胸襟。這就好比抽刀斷水，無法阻撓河流的暢通；如果你能抱持「空」的態度，即使生活在五欲六塵當中，也不會有所影響，反而更能體會出豐富的內涵，這就如同鏡面無塵，便能清楚地映現萬物。

144.

無不是真無，有不是真有

懂得「空無」雖然可以為人生帶來妙用無窮，只不過一般人還是習慣在有無上分別，總是認為「有的不是無」，「無的不是有」，有與無是不一樣的。大師為了說明「無不是真無，有不是真有」的至理，他也常舉智藏禪師與徑山禪師的「有與無的比較」，說明有無之間，既非對待，亦非分別，而是純然如一。

有一位在家居士問智藏禪師：「有沒有天堂地獄？」

禪師回答說：「有。」

「有沒有佛菩薩？」

禪師仍然答道：「有。」

總之，不管信徒問什麼，智藏禪師都答：「有。」

這位居士聽了以後，說道：「奇怪！我以同樣的問題問徑山禪師，他都說：『無。』」

智藏禪師問他：「你有老婆嗎？」

居士答道：「有。」

144.《往事百語》（四）——〈要空，才能有〉，星雲大師著。

「你有兒女嗎？」

居士仍回答：「有。」

「徑山禪師有老婆嗎？」

居士回答道：「沒有。」

「徑山禪師有兒女嗎？」

居士答：「沒有。」

智藏禪師正色說道：「徑山禪師沒有老婆兒女，所以對你說『無』；我跟你說『有』，因為居士你有老婆兒女啊！」

大師為徑山禪師與智藏禪師的說法作了註解：徑山禪師所表達的是悟者體空的境界，在絕對空無的世界裏是不容許說是非、講人我、論有無，不容許議論任何一物，也不能勉強說「空」說「無」；而智藏禪師則是站在眾生的立場，故有是非、人我、有無的相對世界。

換句話說，「有」，是世法，是生活的發用；「無」，是出世法，是生命的本體；佛法，就是空有相融的中道之行，是真空妙有的圓融中道。145.

佛教有僧俗二眾，在家信眾的生活是從「有」的上面去著力以獲得需要，出家僧眾的生活則是從「無」的上面入道。

「無」就是「空」，空觀的建立，對於現實人生有著積極向上的正面意義，因此大師一向主張要建立與「空觀」相應的人生觀，也就是「以退為進、以無為有、以空為樂、以捨為得、以眾為我、以教為命」的人生觀。大師認為，從承擔、體證解脫中，徹見「同體共生」的生命價值，才是圓滿自在的人生觀。[146.]

「空」本來是佛教很偉大的思想，但是一般人錯解「空」義，因此陷入頑空，認為既然世間一切都是空，何必執著什麼做人應有的誠信道義，什麼人格道德、什麼品性操守等，因此把人間美好的價值觀都給空掉了，這就是不能真正理解空義的可怕。

反之，有的人過於執著有，不能淡然處世，凡事喜歡比較、計較，甚至見不得人好，放不下人我是非、名利權勢等，如此容易造成人際關係的對立，人我之間也將爾虞我詐，彼此互不信任，甚至因此自私自利，為了一己之私利而危害大眾的權益，造成社會動盪，由此可見能空能有的人生何其重要。

145.《星雲大師講演集》第三冊——〈佛教奇理談〉，星雲大師著。

146.《佛光教科書．宗派概說》——〈三論宗〉，星雲大師著。

「十無」與「十有」

為了幫助大家過著「能有能無、空有一如」的生活，大師在一九九一年於佛光山為參加三壇大戒的出家新戒開示，特別提出佛教僧伽應有「十無思想」，即：一．無財之富；二．無求之有；三．無情之慈；四．無欲之樂；五．無住之家；六．無安之處；七．無人之眾；八．無悔之心；九．無聽之慧；十．無功之事。大師希望出家新戒，能從佛法的無盡寶藏裏享受「以無為有」的法樂，能在佛法的生活裏安住身心。*147.*

另外，同年大師一樣在佛光山，為參加「短期出家」的新戒開示，大師提出「十有思想」：一．有宇宙之心；二．有度眾之慈；三．有弘法之勇；四．有修道之恆；五．有正覺之慧；六．有出世之性；七．有護教之忱；八．有容人之量；九．有忍辱之力；十．有菩提之願；希望短期出家後即將回歸居家生活的大家，能在「有求」的生活中，有的自在，有的寬廣，有的淨化，有的滿足。*148.*

「十無」與「十有」，看起來是兩個極端，但大師說，其實「色即是空，空即是色」，空和有之間並不存在鴻溝，空和有只是一物的兩面。為了說明「空有」的關係，大師比喻，「空、有」就像嚴父慈母，父嚴如日是「空」；母慈如露是「有」。父母結合而生育我們，空有的調和而成就萬法，因此說「空即是色，色即是空」，「空不異色，色不異空」。煦日放射光線，看起來好像空無一物，卻傳佈了生長的能源，是理，是性，是精神；雨露滋養水份，有實實在在散播甘霖的功效，是事，是相，是物質。這兩者都是萬物生長的必要條件，是密不可分的。也就說：在萬有的上面，有一個「空」的理體；由於眾緣和合，在「空」的理體中顯現萬有諸法。149.

「空」能包容，「有」能創造

為了把理論落實到生活層面裏，大師強調，認識了「空、有」的關係之後，如果應用到我們的社會上，「空」就是要具有包容性，「有」就是要具有創造力，只要全國人民，大家都能具備包容性和創造力，我們的社會一定會更和諧，國家的前途必然更光明。150.

147.《星雲大師講演集》第四冊——〈佛教僧伽的十無思想〉，星雲大師著。

148.《星雲大師講演集》第四冊——〈佛教僧伽的十有思想〉，星雲大師著。

149.《星雲大師講演集》第三冊——〈談空說有〉，星雲大師著。

150. 同上。

因為人我之間彼此原本就是一個平等自性——「空」的存在，只是大家不明白「空、有」不二的妙義，硬是把你我的關係分開，我的不是你的，你的不是我的，因此生起千般煩惱萬種無明。就好像社會的法律、道德、秩序，原是為了大家的安樂而設立的，一定要大家共同維護，大家才能有安和樂利的社會環境；如果硬要把社會國家和民眾分開，使法律紛歧、道德對立、秩序紊亂，讓「空、有」不能在一起，這樣的損失是很大的，也會引起很多的糾紛。

為了說明眾生不明事理，妄生是非的可笑，大師說了一則故事：有一座寺廟，殿中央供奉了一尊觀音菩薩，旁邊另外供奉了一尊媽祖神像。有一天守廟的廟祝認為台灣媽祖的信仰普遍，信徒眾多，應該把媽祖擺在中間才對，於是把媽祖的神像請到中央，把觀音聖像移到了一旁。

事有湊巧，一天來了一位出家人，一看弟子的媽祖正坐在殿中，而師父的觀音菩薩卻屈居在一隅，違背了倫常，就不發一語把兩尊聖像調換回原位。但是第二天廟祝一看，又把神像搬到中間，如此你搬我移、你移我搬地，把原本雕刻精美的聖像都給碰壞了。

後來觀音聖像和媽祖神像終於忍不住說話了：「我們兩人本來關係和諧，由於他們不懂得空有不二的道理，弄得我們坐立不安，把我們的衣服也給損壞了。」151.

人，有了「空」的包容性，才能隨遇而安、隨緣自在；有了「空有一如」的智慧，才能體證生命的真諦。因為「空有」就如蠟燭與燭光，蠟燭燃燒自己，照亮別人，蠟燭最後雖然化為灰燼，沒有了，但蠟燭的價值因此得以體現，這才是蠟燭真正的生命。所以生命的本體是「空」，「有」只是一時因緣和合的假象；因緣和合的假有要能發揮用途，才有生命。

換句話說，生命是因緣和合而有，要靠因緣和合才能生存；因緣和合的一切，其本體是空，空與有是一體的兩面，認識空有一如，才能真正認識生命的本體，甚至發揮生命的功用，才能圓滿生命，所以大師說：生命的意義在於有用，生命的價值在於利他。152.

大師經常以現在的資源回收為例，說明垃圾都還可以給人再利用，人如果不能對世間、對人類有所貢獻，不是比垃圾還不如嗎？所以大師強調：「給人利用才有價值」！這真是懂得生命真諦的智者之言。

151. 同上。
152. 《如是說》，星雲大師著。（現存佛光山法堂書記室檔案館）

佛陀的教化

除此之外，大師也經常以佛陀的故事為教材，從中不但可以體會空義的深奧，也可以看出佛陀教化的智慧。

有一次，佛陀上昇忉利天為母說法，經過三個月之後返回人間，弟子們聽說此事，爭相迎接。蓮華色比丘尼運用神通，搶先到達佛陀的面前，恭敬地行接足禮，並且說道：「弟子蓮華色第一個來向佛陀接駕。」佛陀卻說：「第一個來迎接我的不是你，而是在王舍城巖洞中宴坐觀空的須菩提。能夠見到『空』的真理，才是真正見到佛陀的人。」153.

又有一次，佛陀在靈山會上，拿了一顆隨色摩尼珠，問四方天王：「你們看一看這顆摩尼珠是什麼顏色？」

四方天王看了之後，有說是青的，有說是黃的，有說是赤的，有說是白的，佛陀就將摩尼珠收回，舒開手掌，又問他們：「我現在手裏的這顆摩尼珠是什麼顏色？」

天王們不解佛陀心中所指，不約而同地回答說：「佛陀！您現在手裏根

本沒有東西，哪有什麼摩尼寶珠呢？」

佛陀告訴四大天王：「我將一般世俗的珠子給你們看，你們都會分別它的顏色，但真正的寶珠在你們面前時，你們卻視而不見，這是多麼顛倒啊！」[154.]

佛陀所說的「摩尼寶珠」，其實就是我們的心，我們的佛性；但是一般人不懂自性珍寶，因此迷失自己。所以大師說，世人顛倒，執著幻有，迷己逐物，當有所收穫的時候就歡喜雀躍，有所失落的時候就憂悲苦惱；諸事順遂的時候就興奮無比，遇到困難的時候就垂頭喪氣，自己的情緒完全被外相所主導而不知。如果我們能夠認識世間一切的事物皆為無常不實，從而用「空」的真理來調和統攝這些對待的觀念，那麼無論有也好，無也好；苦也好，樂也好；難也好，易也好；榮也好，辱也好，在在處處，都能做到《金剛經》所說的「應無所住而生其心」，如此就能無所不住，這樣的人生不是很灑脫自在嗎？[155.]

過去禪宗有所謂「破三關」，就是「初關」要能超凡入聖；「重關」要能

153.《往事百語》（四）——〈要空，才能有〉，星雲大師著。

154. 同上。

155. 同上。

入聖回凡，亦即淨土宗所說的乘願再來，廣度眾生；「牢關」要能凡聖俱泯，也就是不著有，不著空，空有一如，一切都在平等之中。

由此說明，人生要想擁有「空有一如」的平等智，就必須經過不斷的修練、不斷的突破重重關卡，才能有所體證；一旦生活中有了「空有一如」的體證，就不會被假相迷惑，而能了知一切法空相，人生就能通達無礙。

過去常有人說，所有的宗教都是勸人為善，都是一樣的。大師說，其實宗教雖有共通處，但也有不共之處；就好比世間的學問有哲學、科學、文學、醫學……等各種學科，對人類都是有益的，但這些學科也各有其不同的特質。大師指出，在各個宗教之中，佛教具有四點特質：一是具有因果的理則，二是具有緣起的中道，三是具有業感的潤生，四是具有空有的一如。*156.*

不管「因果」、「緣起」、「業感」、「空有」，都是佛教重要的義理思想，歸結起來其實就是「緣起性空」，也就是佛教的根本教理「緣起法」。「緣起」是佛陀的根本教說，儘管影響中國佛教最深遠的思想有「空宗」與「有宗」兩大系統，但如來一代教法，所說皆不出空、有二義，因此不論空宗、有宗，其思想淵源都是來自於「緣起」。

安身立命於「中道」

「緣起」是宇宙萬有生、滅、變、異的因果法則，諸法因為「緣起」而「有」，所以「空無自性」，是暫時的幻起、幻滅。

換句話說，諸法實相，不生不滅，從暫時存在的現象界則說「緣起」，從本無自性的實相界而說「性空」。因為「緣起」，才能顯示「性空」，因為「性空」，所以能夠「緣起」。

「緣起」與「性空」不但不是對立的，而且是相生相成的。所謂「真空不礙妙有，妙有體現真空」，如此不偏「頑空」，不偏「執有」，就是「中道」。離於空有二邊的中道，是佛法不共世間法的特色之一。

佛陀成道之初，就教誡弟子，不可行於極端的兩邊，要離於苦樂兩邊而行中道之行，也就是八正道。因為佛陀在雪山修行時，曾歷經六年的苦行生活，他深體「形在苦者，心則惱亂；身在樂者，情則樂著。是以苦樂，兩非道因。……

156.《星雲法語》——〈佛教的特質〉，星雲大師著。

行於中道，心則寂定。」157.因此佛陀成道後，初轉法輪時便為五比丘揭示：「離於偏執，履中正而行，這才是解脫之道。」

離於苦樂二邊的生活，就是中道的生活，也就是真正的佛教生活。太好是一邊，太壞是一邊，凡是落於一邊的，就不能平衡，就有偏差。

一般人因為常把好壞、有無、苦樂、得失、恩怨、你我、生死，分得很清楚，因此不能活得安心自在，這就是缺乏中道的圓融智慧。

如果我們能認識中道，有了中道的生活，不僅不會被「稱、譏、毀、譽、利、衰、苦、樂」之「八風」所吹動，而且能在佛法中找到安身立命之處，所以離於二邊而行中道，這就是「空有不二」的智慧，就是佛法！

大師弘揚人間佛教，就是希望以佛法來引導世人，從紛雜動蕩、無常變化的世間萬象中，看到萬法如如不動的真如理體；從各種虛妄、分別的對待中，找到本無生滅、本無差別的真如佛性，讓我們找回自心，從而認識自己、肯定自己，這就是大師弘揚人間佛教的主旨所在，也是人間佛教星雲學說所以著重於「緣起中道」之真理闡揚的主要原因。

真理。由此亦可見出，人間佛教星雲學說最能把握佛陀的思想，最能契應佛法的真理。

157.《往事百語》（四）——〈要空才能有〉，星雲大師著。

【第三章】自覺行佛

星雲學說的修行落實

佛教發源於印度，傳到中國後發展出大乘八宗，且於隋唐之際「八宗並起」，盛極一時。此中有以「義解」為主，有以「修行」為要，雖然各宗主張不同，各具特色，但是所弘所倡，都不出佛陀所說的教法，因此向來主張「佛陀的教法都是人間佛教」[158.]的星雲大師，一貫倡導「八宗兼弘」，而且提出「解在一切佛法，行在一門深入」[159.]，以此做為佛光人「解行並重」的依循。

說到「解行並重」，佛教一向就很重視「慧解」與「修行」，只是過去傳統佛教對「修行」的看法，總是界定在參禪、念佛、持咒，乃至誦經、拜懺、抄經，甚至持午、禁語、住山、閉關等，認為這就是修行。然而大師主張，「修行」的定義應該不僅限於個人自我身心的調伏，而要廣及於對普羅大眾的攝受教化，因此他提倡「弘法利生」就是修行。

大師認為，「修行不是片面的個人解脫，而是全方位的弘法與利生」[160.]。為此他除了參酌傳統佛教修行法，配合現代人的生活型態與需要，設立各種人間佛教的修持法門，諸如「佛光三昧修持法」[161.]、「人間佛教生活禪」[162.]，以及「早起十念法，晚睡一炷香，飯前五觀想、飯後百步走」[163.]，乃至平時在佛前上香、供水、禮佛三拜、持誦《般若心經》一卷或是讀誦一篇「佛光祈願文」[164.]等，以此做為自我修行的密行之外，同時更創辦各種佛教事業與活動，藉此將佛教的四攝、六度、四無量心等精神內涵，化為具體實踐，期讓佛法徹底落實在日常生活裏，確實有益人生，以此做為佛光人的修行功課。

此外，受持戒律是信仰的實踐，因此大師本諸傳統佛教的戒律精神，制定各種「人間佛教現代生活律儀」，以及創辦各種淨化人心的「人間佛教社會運動」165.，期將戒律融入日常生活，透過生活中的奉行佛法來自我規範，自我提昇，並且利及於人，以此做為佛光人所應持守的戒法。

158.《佛光教科書．佛教問題探討》——〈宗派〉，星雲大師著。
159.《星雲日記》（第十三冊 1991/9/3），星雲大師著。
160.《當代人心思潮．國際佛光會主題演說》——〈自覺與行佛〉，星雲大師著。
161.《佛光教科書．佛光學》——〈佛光三昧修持法〉，星雲大師著。
162.《人間佛教叢書》第一集《人間佛教論文集》上冊——〈人間佛教的戒定慧〉，星雲大師著。
163.《星雲大師講演集》第一冊——〈如何歡度老年生活〉，星雲大師著。
164.《佛光教科書．佛教常識》——〈修持常識〉，星雲大師著。
165.《佛光教科書．佛光學》——〈人間佛教的社會運動〉，星雲大師著。

倡導「自覺行佛」，提升佛教信仰

談到持戒，當初佛陀制戒，雖然依出家、在家對象不同，故有種種不同的戒別與戒條，但是戒的意義，不外乎「止惡行善」，一者自我淨化，同時普利眾生，此即「七佛通偈」所謂「諸惡莫作，眾善奉行，自淨其意，是諸佛教。」此中說明，佛陀制戒的本意，無非為了「自利利人」、「自覺覺他」，最終達於自他「覺行圓滿」的境界，因此若能「學佛所學，行佛所行」，其實才是最究竟的持戒，這也是信仰的提升。

為了提升佛教的信仰，帶動佛教徒從過去的「信佛」而到「行佛」，大師因此提倡「自覺與行佛」。大師認為，能以「行佛」做為修行，在生活中確實奉行佛法，如此才能「自覺」；唯有透過「自覺行佛」，佛法才能落實在生活中，佛教才能走入人間，因此人間佛教以「自覺行佛」為修行。

「自覺行佛」不但是人間佛教的修行，也是人間佛教的戒法，因為自覺行佛其實就是菩薩道的實踐，也是菩提心的顯發。菩提心是大乘菩薩戒的重要內涵，菩薩戒雖有「十重四十八輕」戒，但重要的精神就在於「發菩提心」，也就是「饒益有情戒」。因此，一個受了三聚淨戒的菩薩行者，如果忘失「上弘下化」的菩提心，就是犯戒。

人間佛教一向以菩提心為主，以菩薩道為行，因此發菩提心、實踐菩薩道利人，這就是持戒。故而大師提倡「自覺行佛」，目的就是希望人人從日常生活中行持戒法來發掘自我本性，這就是「自覺」；繼而時時發心利人，這就是「行佛」。「自覺行佛」因此成為人間佛教的現代律儀，也是人間佛教重要的修持與內涵。

「自覺行佛」其實也是「解行並重」的體現——「解」，就是信佛，「行」，就是行佛；有了慧解，才能自覺，透過行佛，才能覺他。大師推動「自覺行佛」，不但有佛法的思想理論為依據，更有融合傳統戒法與現代生活律儀的實踐之道。

「佛」乃「覺者」之謂

從佛法的理論來說，信仰佛教主要的意涵，乃在於向「佛陀」學習，所以學佛必須了解「佛」的意義。大師說：佛陀當初因為「自覺」而成道，佛陀成道後所說的教法，無非是為了讓眾生悟入「覺」的境界，導引有情悟入佛的知見，而能與佛平等；佛陀因為證悟宇宙人生的真理（自覺），而又本著無盡的慈心悲願，以真理來教化眾生（覺他），所以佛陀是「自覺」、「覺他」、「覺行圓滿」的覺者。[166]

自覺、覺他、覺滿是「覺」的三個層次，大師對此作了如是解釋：「自覺」是指對諸法實相有了正確的認識與覺悟，此乃聲聞、緣覺二乘聖者所達到的最高境界；因為有別於凡夫的不覺與外道的錯覺，因此又稱為「正覺」。「覺他」則是菩薩們不但自覺，並將自己所覺悟的真理轉而覺悟他人，有別於二乘人的自覺，故又稱「等覺」。「覺滿」專指佛陀自覺、覺他的智慧達到究竟圓滿的境界，又稱「無上覺」，有別於二乘及菩薩雖能自覺、覺他，但未能破盡見思、塵沙二惑。佛陀以無漏清淨的智慧破除根本無明惑，斷盡見、思二惑，圓滿菩提，成就佛道，因此才能成為「三覺圓，萬德具」的聖者，所以也稱為「阿耨多羅三藐三佛陀」，意即證得無上正等正覺的覺者。[167]

了解「佛」的意義之外，學佛更重要的是要「學佛所學，行佛所行」，因此大師強調，信仰佛教要從求佛、信佛、拜佛，進而學佛、行佛、做佛；唯有行佛做佛，才是人間佛教的實踐，唯有自覺自悟，才是信仰的最高層次。[168]

大師這種思想理念的萌發，主要是感於過去一般佛教徒的信仰，都是停頓在「信佛」、「拜佛」、「求佛」的階段，佛教徒因為沒有在日常生活中落實佛法，導致佛教衰微沒有力量。例如，佛教要人慈悲喜捨，佛教重視般若智慧的開發，但是有多少佛教徒是真正具有慈悲喜捨的性格？又有多少佛教徒是真正明理有智慧的呢？身為佛教徒而沒有佛法，佛教怎麼會不衰微呢？169.

為了興隆佛教，同時也是為了提昇佛教徒的信仰層次，大師因此提倡「自覺行佛」。大師認為，「自覺」是修學佛法的一個重點，因為學佛的目的，不外是為了開智慧，求覺悟，而其關鍵即在去除煩惱障及所知障。煩惱的根本就是貪瞋癡，所以要「勤修戒定慧，息滅貪瞋癡」，只要三毒息，三慧朗，就能破除無始以來的無明，此即「自覺」，正如禪宗的開悟見性；自覺之後進而能夠弘法利生以覺他，這就是行佛。170.

166.《佛光教科書・佛法僧三寶》——〈佛的意義〉，星雲大師著。

167. 同上。

168.《人間佛教叢書》第二集《人間佛教當代問題座談會》——〈佛教對「民間信仰」的看法〉，星雲大師著。

169.《當代人心思潮・國際佛光會主題演說》——〈自覺與行佛〉，星雲大師著。

170. 同上。

自覺是屬於修「慧」，覺他是屬於修「福」，福慧雙修就是菩薩；經過三祇修福慧，百劫修相好，當福慧圓滿具足，這時才是「萬德莊嚴」的佛陀，所以學佛要靠自己覺悟；一個人能夠「自覺」，繼而「覺他」，才能成就「覺行圓滿」的佛果，因此大師強調，學佛不是仰賴佛，而是要自覺與行佛。

「自覺」就是「自我教育」

人要如何才能自覺呢？大師說，所謂「自覺」就是「自我教育」，也就是要自我要求、自我學習、自我充實、自我健全，而不是凡事只想依賴別人，如佛經講：「自依止、法依止、莫異依止」，就是自我教育，「觸類旁通、舉一反三、聞一知十」，也都是自我教育。171.

自我教育其實就是凡事要「反求諸己」。大師認為，人在成長的過程中，有時候需要父母的教導、老師的訓誡、社會大眾的幫助、長官的提攜、朋友的勉勵；但是最重要的，還是要靠自己「自覺」。大師舉譬說：如果自己不能「自覺」，光是依靠別人，就如自己的身體，血管裏的血液是自己的，是自發的營養，對增進健康有最大的功效與幫助；如果靠打針、注射營養劑，總是外來的，利益有限。172.

為了強調「自覺」的重要，大師進一步說明：平常我們講「皈依三寶」，其實是皈依自己的自性三寶；皈依三寶是為了找到自己、認識自己，人的自性本來清淨無染，因為一念不覺，不能自知，故而忘失自家本來面目，所以沉淪苦海。學佛就是要開發自性，要覺悟自性；一個人如果忘失了自己，不管修學什麼，都是別人的。173.

大師此言，正是《禪宗無門關》所謂的「從門入者，不是家珍」，因此學佛要靠「自覺」，因為「從心流出，才是自性。」

自覺的重要，亦如《優婆塞戒經》說：「雖有無量恆沙諸佛，悉皆不能度脫我身，我當自度。」因此大師強調：人要自覺，而後才能自度；學佛就是要開發自己的真心，摘下自己的面具，誠懇的剖析自己、認識自己，但是這一切不能依靠別人完成，唯有自覺，才能達成目標。174.

171. 同上。
172. 同上。
173. 同上。
174. 同上。

禪者講究「自覺」，凡事靠自己參究

自覺是一條邁向自我解脫的道路，故而佛教一向很重視對有情眾生覺性的開發，因為有了覺性才能開發智慧，才能解脫煩惱，才能得證菩提。尤其在中國的禪門，一直都很講究「自覺」，凡事要靠自己去參，不能說破。為了明示此中的道理，大師特別舉智閑禪師開悟的公案為例。175.

話說有一天，溈山靈祐禪師問香嚴智閑禪師：「未出娘胎前，什麼是你的本分事？」智閑懵然不知所對，他請師兄為他道一句，溈山禪師說：「我說了，那是我的見解；對你，又有什麼益處呢？」

智閑禪師於是回到僧堂，翻閱藏經，希望從中透得消息。但是任憑他遍覽所有經卷語錄，始終得不到答案。最後他把所有典籍付之一炬，並且拜辭溈山禪師，到了南陽慧忠國師住過的遺址禁足潛修。這一天，正當他在割除雜草時，無意中瓦礫擊中石子，發出一聲清脆的響聲，就在那一瞬間，智閑禪師身心脫落，廓然頓悟。

大師說，正因為當初溈山禪師不肯一語道破，因此才有後來智閑禪師的聞聲開悟。

此外，大師也舉道謙禪師與好友宗圓結伴行腳參訪的故事，說明人要靠自己自知、自覺、自悟，才能成功，別人的幫助終究有限。因為「別人吃飯，我不能當飽；別人走路，我不能到達目標。自己有病了，別人更不能替我痛苦；身體疲倦了，別人也不能替我休息。開悟證果，修行成道，尤其要靠自己來，如趙州禪師說：像小便這麼簡單的事，還得我自己去做，何況成佛的大事，別人豈能代替得了？」所以大師結論說：凡事自我要求，一切從自我出發，才有成功的一天。176.

自覺是自我開發，自覺而又覺他是行佛之行；自覺可以自度，行佛能夠利人；能夠「自覺」與「行佛」，才能成就佛道，才能圓滿生命，因此懂得「自覺」之外，還要發心「行佛」。

175.《星雲禪話》，星雲大師著。

176.《當代人心思潮・國際佛光會主題演說》——〈自覺與行佛〉，星雲大師著。

信受奉行就是「行佛」

所謂「行佛」，就是依照佛陀的教法去實踐奉行。佛教的每一部經典，都是以「如是我聞」為開頭，最後則以「信受奉行」作為結束。大師說，能夠信受奉行佛法，就是行佛，所以佛弟子應以「行佛」為修持的標準。177.

為了推動「自覺」與「行佛」，大師不但於二〇〇四年國際佛光會世界會員代表大會中，以「自覺與行佛」為主題發表演說，並且訂定這一年為佛光會的「行佛年」，擴大發起「行佛」運動。大師希望佛光會員都能「用自覺心昇華自我，用本土化發展佛教，用新事業增廣淨財」，尤其要「用大願力行佛所行」，也就是希望大家在日常生活中都能確實實踐佛法，發展佛教。178.

大師指出，舉凡智慧明理、慈悲惜緣、禪淨戒忍、感恩發願等，都是人間佛教所應推動的佛法；人間佛教講究實用，不重清談，所以強調「佛法人間化」，凡是人間大眾所喜歡的慈悲、歡喜、金錢、財富，甚至尊重包容、同體共生、平等和平、圓滿自在等佛光會多年來所推動的人間佛教精神，不但佛光會員能受用，希望全世界的大眾也都能以「佛法人間化」的理念，共同促進世界的和平。179.

大師甚至希望，佛光會不只是要推動佛法走向世界、走向社會、走向家庭，更要走向人心。大師說：「人心愛之，佛法與之；人心惡之，佛法去之。真善淨美，人之所愛；真善淨美，皆人間佛法也！邪惡驕慢，人之所惡；邪惡驕慢，佛法應予去之！」180. 總之，在我們的生活中，不管舉心動念皆可修行，所以我們應本著「自他兩利」的精神，將「佛法生活化、生活佛法化」。

大師又說：平時我們稱呼學佛的人為「行者」，意思就是要「修行」佛法，要依佛陀所說、所行去做，因此真正的修行人，是要「行佛」，而不只是「學佛」而已。181.

行佛就是實踐佛法，行佛不但可以利他，也能自利。大師舉例，佛教講「回向」，所謂「回自向他」，就是把自己所修的功德，回向饒益一切眾生；「回少向多」，就是以芥子般的少許功德，發廣大歡喜心，回向法界一切眾生，普獲利益；「回小向大」，就是將自覺的小乘之心，回向趣於大乘的自利利人；

177. 同上。
178. 同上。
179. 《當代人心思潮・國際佛光會主題演說》——〈人間與生活〉，星雲大師著。
180. 《當代人心思潮・國際佛光會主題演說》——〈自覺與行佛〉，星雲大師著。
181. 同上。

「回因向果」，就是把因中所修的一切善根，回向成就一切菩提，令一切眾生同證佛果。[182]

「回向」是佛教極為殊勝而獨特的修行法門，實踐回向法門，能使行者深刻了解因緣法，而將一切成就歸於大眾，不敢獨享；回向能使行者去除我執我貪，明白諸法法性本來平等，實無功德可得，所以修持「回向」，不但自身的功德不曾減少，並且能利益更多的人，甚至可以廣及法界一切眾生，因此大師認為，「回向」是實踐自他兩利、怨親平等之大乘菩薩道的最佳法門，這也就是在「行佛」。

此外，諸如慚愧、懺悔、忍辱、精進、惜福、結緣、感恩、知足、發心、立願、布施、愛語、利行等，都是行佛，甚至與人為善、從善如流、吃虧委屈、忍耐接受、與時俱進、尊重包容、同體共生、胸懷法界、佛化人間等，也都是在行佛，這些都是人間佛教的修行之道。

「全方位的弘法利生」就是修行

人間佛教以「服務奉獻，發心利人」為修行，因為唯有發心奉獻，在利他的當下，才能發揮生命的功用，才能成就自我，這才是生命的意義；能夠「自他兩利」、「自度度人」，生命才能圓滿。因此，人間佛教不以傳統佛教的閉關清修、自我了脫為修行，這種自私自了的修行，既不能利他，也無法自利，大大背離了佛陀「示教利喜」的本懷，這也是傳統佛教所以不能為人接受的原因。

大師弘揚「人間佛教」，就是為了重整如來一代時教，就是要讓佛法落實在人間，發揮佛教的教化之功，使能對人有用。為了發揮佛教的功用，確實把佛法落實在人間，大師主張，舉凡著書立說、講經說法、設校辦學、興建道場、教育文化、施診醫療、養老育幼、共修傳戒、佛學講座、朝山活動、掃街環保、念佛共修、佛學會考、梵唄演唱、素齋談禪、軍中弘法、鄉村布教等，這些都是人間佛教所要推動的弘化之道，也是人間佛教的修行之道。183.

182.《佛教叢書・教理》——〈回向〉，星雲大師。

183.《百年佛緣・行佛篇2》——〈我推動人間佛教〉，星雲大師著。

大師期勉佛光人都能真正落實「信仰生活化、生活佛法化」[184.]，在二六時中，不管行住坐臥、舉止進退，時時都能自動自發、自覺自悟的「行佛所行」，如此自己才能得到佛法的受用，佛教也才能根植人間。

由於人間佛教的修行，不是只求個人的了生脫死，而更重視「行佛」的實踐，因此如前所述，大師強調「修行不是片面的個人解脫，而是全方位的弘法與利生」。另外，大師主張「工作就是修行」[185.]、「忙就是營養」[186.]，乃至倡導「三好四給」、「人生三百歲」[187.]等，這些都是人間佛教以「行佛」為修行的最佳明證。

佛教重在解決人生的問題

大師一向認為，佛教不能只是坐談理論，佛教更應該起而為人間解決問題，所以他在「從四聖諦到四弘誓願」的論文裏，明確指出，佛法不只以苦集滅道來解釋宇宙人生的真相，佛法最主要的是要解決宇宙人生的問題，因此光是說明苦集滅道的真理，這是不夠的，還必須要有願力、修行和實踐，這就如同「四聖諦」的內容——要斷集、除苦；要修道、入滅，從而達到人生的解脫之境。188.

大師據此進一步把大乘菩薩的「四弘誓願」與「四聖諦」的根本佛法相互結合，成為人間佛教重要的精神內涵與實踐之道。大師說：「眾生無邊誓願度」，可以解決人間憂悲苦惱等問題（苦），「煩惱無盡誓願斷」，可以解脫人生貪瞋癡等無明業障（集），「法門無量誓願學」，可以引導大家走上成佛之道（道），「佛道無上誓願成」，可以成就眾生獲得圓滿的大解脫（滅），因此人間佛教積極從四聖諦延伸而開展四弘誓願、六度行門，不但是自我修行，也提供了人生解脫的方便，讓生命進入更上一層樓的境界。189.

184. 《當代人心思潮・國際佛光會主題演說》——〈自覺與行佛〉，星雲大師著。
185. 同上。
186. 《一池落花兩樣情》，星雲大師著。
187. 《往事百語》（五）——〈人生三百歲〉，星雲大師著。
188. 《人間佛教叢書》第一集《人間佛教論文集》上冊——〈從四聖諦到四弘誓願〉，星雲大師著。
189. 同上。

「持戒」為佛教各宗共遵的修行

說到修行，在佛教有所謂「八萬四千法門」，就是針對不同根器的修行人，有不同的修行方法，例如，傳統佛教的聲聞乘修四諦法，緣覺乘修十二因緣觀，菩薩乘修六度萬行，乃至四無量心、四弘誓願、四攝法、四種懺悔、四念住、五停心觀、五戒十善、六念法、六妙門、八正道、九想觀等等，這些都是一般佛教的主要修行內容。

除此之外，各宗各派也有各自不同的修行法門，如：蓮宗以念佛為要，禪宗以參禪為主，密宗以持咒為尚；「禪淨密」是中國佛教常見的修行法門，但是不管參禪打坐、誦經念佛，或是持咒修密，都必須以戒來規範自己。就如前述所說，儘管八宗對佛教的義理思想各有主張，但是對於佛陀所制的戒律，則是八宗共持的，因為學佛就是要「勤修戒定慧，息滅貪瞋癡」，「貪瞋癡」煩惱是人生最大的敵人，所以需要佛法的「戒定慧」三學才能降伏。

戒定慧三學也就是經律論三藏，經藏詮釋定學，律藏詮釋戒學，論藏詮釋慧學。戒、定、慧三學是一切佛法的根本，佛教雖有「三藏十二部」經典，多如汗牛充棟，但是歸納起來，總不出戒、定、慧三無漏學。因此，佛教的僧信二眾，都要依三藏經律論、三學戒定慧為學習的主要內容；乃至佛教雖然有漢傳、藏傳、南傳之分，但是每一個地區的佛教，也都是以戒定慧為本。

明定「戒定慧」為行者勤修目標

大師一生弘揚人間佛教，他感於人間佛教既然淵源於人間佛陀的開示，對於戒定慧三學，自然也應定為人間佛教行者根本的勤修目標。再者，人間佛教的傳播，一方面固然要迎合時代的需要，但也要有傳統的佛法為根據，所以人間佛教發展到了今天，不能不把根本佛教的戒定慧提出來，作為人間佛教的思想依據。190.

因此，大師根據傳統佛教的「三皈五戒」，為人間佛教提出「三好、七誡」；傳統佛教有「四禪八定」，大師也為人間佛教定出各種生活禪定的修法；傳統佛教注重義學的般若、中論、唯識、天台、華嚴等，大師也以傳統佛教的慧學，融和當代的文、史、哲、科技等學問，把佛教生活化於人間。191.

大師為了替人間佛教做古今映照、融和傳統與現代的工作，二〇〇六年值逢其在香港紅磡體育館連續講座二十年紀念之際，特別以「人間佛教的戒定慧」為題，做了三天的講說。

190.《人間佛教叢書》第一集《人間佛教論文集》上冊——〈人間佛教的戒定慧〉序，星雲大師著。

191. 同上。

大師開宗明義指出，佛教的六度萬行德目雖然很多，但總括而言，不出戒、定、慧三無漏學；戒、定、慧三學是佛教的實踐綱領，是學佛者所必修的課目，如《翻譯名義集》說：「防非止惡曰戒，息慮靜緣曰定，破惡證真曰慧。」戒定慧三學可以對治貪瞋癡三毒，能克制人類自私無明的弊病，例如：持戒就不會自私，不自私，貪念就不會生起；禪定就不會損人，不損人，瞋恚就不會生起；修慧就不會無明，不無明，愚癡就不會存在。

戒、定、慧三學中，戒學居首，但其實彼此互有密切的關連，所謂「由戒生定，由定發慧，由慧趣入解脫」。慧是定的用，定是慧的體，一切佛法都離不開戒定慧三學；修習戒定慧三學，在思想和生活上就能實踐佛陀的教法，所以戒、定、慧是學佛不可缺少的資糧。

大師希望經過這次講說，不但把佛法做個古今融和，同時也希望當代研究人間佛教的佛子們，能以根本佛教的戒定慧為修學目標，並且發揚戒定慧的時代精神，讓他成為弘揚人間佛教的依據。

大師針對「人間佛教的戒學」，提出四個要點：

一、戒的制訂——因時制宜，時開時遮。

二、**戒的精神**——止惡行善，饒益有情。

三、**戒的實踐**——服務奉獻，自他兩利。

四、**戒的終極**——人格完成，菩提圓滿。

「因時制宜，時開時遮」為大乘戒律之特徵

所謂「因時制宜，時開時遮」，大師指出，當初佛陀制戒的本意，雖是專為攝僧而令正法久住，不過戒律並非只有出家眾才須要受持，戒是一切善法的根本，也是世間一切道德行為的總歸，因此佛教依在家、出家、男女之別而制定有：在家優婆塞、優婆夷受持的五戒、八關齋戒、十善戒；出家沙彌、沙彌尼受持的十戒，式叉摩那受持的六法戒，以及比丘二百五十戒、比丘尼三百四十八戒的具足戒等，這是七眾弟子各別受持的戒律，因此稱為「別戒」。

大乘佛教認為「別戒」是小乘的「聲聞戒」，因此又另訂有大乘的「菩薩戒」，也就是「攝律儀戒」、「攝善法戒」、「饒益有情戒」等「三聚淨戒」，

這是所有發菩提心的僧俗二眾都應受持，所以稱為「通戒」。

佛陀最初制戒，都是「隨犯隨制」，也就是針對弟子所犯的邪行非法而制，是屬於「隨緣制戒」。例如南傳佛教有「過午不食」的戒法，佛陀之所以制訂此戒，根據《五分律》記載，是因為迦留陀夷比丘在傍晚時進入羅閱城乞食，由於光線昏暗，有一名孕婦乍見迦留陀夷，以為是鬼魅，一時驚嚇過度而流產。佛陀覺得比丘午後到民宅托缽乞食，多所不便，因此才制訂比丘「過午不食」之戒。

佛陀制戒的目的，雖然是為了「防非止惡」、「不惱眾生」，但其實也有「利益眾生」之意，如菩薩戒除了有防非止惡的「攝律儀戒」以外，更有勤修善法的「攝善法戒」，以及度化眾生的「饒益有情戒」。所以《攝大乘論釋》卷十一說：「如來制戒有二種意：一為聲聞自度故制戒；二為菩薩自度度他故制戒。」

由此可見，佛教的戒律不是只有消極的「防非止惡」以「自律」，更有積極的「行善益世」以「利他」的精神。也就是說，佛陀制戒，除了消極的「遮止」之外，另有「開許」的積極面，例如安住淨戒律儀的菩薩，若是見有盜賊想要殺害眾生，為了不忍惡賊造作無間罪業，死後受大苦報，因此以慈愍心斷彼性命，這就是「開殺戒」。

過去佛陀在因地修行時，便曾「殺一救百」，這就是菩薩的慈悲方便權智。這種本著大乘佛教慈悲願行，以及活用戒法的精神而「時或開許，時或遮止」，正是大乘戒律的特徵，也是人間佛教所強調的持戒意義。

深體佛心，從積極面詮釋戒律

大師所以特別指出佛陀「有開有遮」的制戒精神，主要是感於早期佛教界，常有一些守舊人士，以「佛已制戒，不可更改；佛未戒制，不可增加」為理由，阻礙佛教的創新發展，甚至因為對戒律問題的看法不同，堅持不同，造成佛教的分裂。尤其長久以來，由於佛教的戒律都是對生活的否定，都是消極的制止，缺乏大乘佛教積極向上的精神與作為，致使佛法不能應時興化，而成為佛教與時俱進的絆腳石。

大師因此提出例證，說明戒律並非不可改變，而是可以因時、因地、因人而有所不同的。例如早在佛陀時代，佛陀曾經為了讓阿那律尊者到南方調解紛

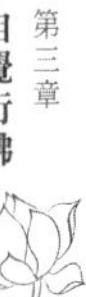

爭，因此規定比丘可以多擁有一件僧衣；另外，佛陀也曾為了信徒供養阿難一個缽，而放寬「蓄缽」的規矩，可見在生活細節上的小小戒，即使在佛陀時代就已經「隨遮隨開」了。

有鑒於此，大師因而強調，佛教應該重視根本大戒的行持，對於小小戒，如佛陀所說，要隨時代的精神、隨社會風俗的不同而「隨開隨遮」，實在不必固步自封。大師認為，佛陀當初制戒，其實是充滿人情味，是很人性化的，只是現在一般人大都只研究戒條，而沒有研究佛陀的心。

大師提倡人間佛教，他自覺自己懂得佛陀的心，所以人間佛教一直都是很重視人性化，很有人情味。人間佛教對於戒律，都是從積極面去詮釋，例如過去很多人不喜歡信仰佛教，因為學佛都要受戒，他們覺得持戒很不自由，故而排斥佛教，不願意學佛。大師說，其實持戒才能自由，我們看現在監獄裏的犯人，不都是犯了五戒才鋃鐺下獄的嗎？所以持戒不但可以讓自他都自由，尤其一般人都希望健康長壽，希望發財富貴，希望擁有和樂的家庭，乃至獲得善名美譽，以及聰明有智慧等等；這些不是想要就有，而是要有方法，沒有方法，光是妄想，或靠祈求，如何能發財，如何能長壽？就像一個人沒有播種，如何有收成？

因此，大師每每在主持三皈五戒時，都是告訴大家，只要受持五戒，這一切自然不求而有，因為不殺生而護生，就能長命百歲；不偷盜而布施，自能享有富貴生活；不邪淫而尊重他人的身體、名節，自然家庭美滿；不妄語而讚嘆他人，自然獲得善名美譽；不喝酒而遠離毒品，自然身體健康，智慧清明。

大師提倡人間佛教，人間佛教來自「人生需要」，因此不在教理上執著，也不拘泥於刻板的教條。對於過去佛教戒律太注重消極的防非止惡，缺乏積極為善的精神，故而動輒「不可這樣」、「不可那樣」，大師認為今天我們所需要的戒律，是強調積極面的「應該這樣」、「應該那樣」，所以人間佛教主張八正道是戒律，六度萬行是戒律，四攝法門是戒律，饒益有情是戒律，自覺行佛是戒律。

大師認為，佛教的戒律不必在戒條、戒相上執著，應該重視的是戒的精神、意義以及人間性，例如大乘佛教的「三壇大戒」，就具有人間佛教利濟眾生的精神。所謂「三壇」，就是：初壇沙彌戒要守好「攝律儀戒」，二壇比丘戒要具備「攝善法戒」，三壇菩薩戒要有「饒益有情」的精神；因為「三聚淨戒」具足，大乘佛教因此得以由此展開，這就是人間佛教戒律的特色。

大師希望人間佛教的戒律，一方面固然消極的規範身心，止惡息罪，另一方面更應該積極廣修善行，廣作善事；唯有倡導菩薩道的戒行，才能使佛光普照人間，因此大師提出：戒的精神在於「止惡行善，饒益有情」，戒的實踐在於「服務奉獻，自他兩利」，戒的終極在於「人格完成，菩提圓滿」。

效法百丈禪師，另訂叢林清規

大師強調，制戒的原則要合情、合理，要尊重人情、人性，要因時制宜。大師從年輕時期就很佩服百丈禪師「避開戒律，另訂叢林清規」的智慧，他認為今日人間佛教也必須因應時勢所趨，凡傳統戒律合乎時宜者應尊重之，此外也應該依現代社會所需而制訂現代的生活律儀，以期展現佛教的時代性，使能更符合當初佛陀制戒的本意與精神。

為此，早在佛光山開山之初，大師就恪遵佛制，根據六和敬、戒律和叢林清規，著手為佛光山訂定各項組織章程，建立各種制度，例如人事管理訂定：「序列有等級、獎懲有制度、職務有調動」；以及「集體創作、制度領導、非佛不作、唯法所依」等寺務運作的準則。

另外，大師為佛光山立下十二條門規：「不違期剃染，不夜宿俗家，不共財往來，不染污僧倫，不私收徒眾，不私蓄金錢，不私建道場，不私交信者，不私自募緣，不私自請託，不私置產業，不私造飲食」等，做為徒眾行事的依循；並且隨著佛光山的發展陸續建立宗務委員會組織辦法、選舉辦法、留學辦法、進修辦法、退休辦法、序級辦法、獎懲辦法、調職辦法、請假辦法、巡鑑辦法、醫療辦法，以及制訂師姑制度、教士制度、員工制度、親屬制度等。

二〇〇七年值逢佛光山開山四十週年，大師更把歷年來訂定的組織章程、制度辦法、宗風思想，集結成為「佛光山徒眾手冊」，內容包括：佛光山宗門清規、佛光山宗史、佛光山宗風等，以此做為佛光弟子行事的軌則。

除此之外，大師有感於自古以來，世間偉大人格的養成，大多是在宗教中完成。甚至各種藝術、戲劇、文藝創作，也都因宗教而登峰造極。可以說，宗教輝煌了人類的文明史，也提昇了人類的素質。而宗教之所以能夠全方位的培養人格，高貴心靈，就在於戒律的制定。192.

大師希望把佛教戒律落實為生活律儀，讓戒律規範人間化、生活化、現代

192.《人間佛教叢書》第一集《人間佛教論文集》上冊——〈人間佛教的戒定慧〉，星雲大師著。

化，以此匡救當今道德淪喪、社會失序的弊端。因此大師制訂了一系列的「人間佛教現代律儀」，包括：「生活律儀百事、人生百事、密行百事、示徒百事、人生卜事、人生二十最」等。

另外，大師有感於人間佛教不能不關心社會問題，因此自一九九二年國際佛光會成立後，就與佛光山發起一系列淨化人心的「人間佛教社會運動」，包括：「慈悲愛心人」、「七誡運動」、「三好運動」、「把心找回來」等，希望透過活動傳播佛法來改善社會風氣，淨化世道人心，同時也讓佛光會員藉著參與「淨化人心、佛化世間」的活動，以實踐利濟群生的菩薩道做為自己「完成人格，圓滿菩提」的修行。

每一次活動，大師都親自撰寫活動的宗旨、精神，以及提供會員實踐的一些生活性佛法，多年來已經成為佛光人實踐「以行佛為修行」的社會運動。由此亦可見出，人間佛教對社會人生的關懷，總是化為具體的行動；而正因為人間佛教是能確實「行佛所行」，因此有益於社會民生，因此能夠走入人間，成為人間真正需要的佛教。

為了見證人間佛教對「自覺行佛」的實踐，以下摘錄「人間佛教現代律儀」部份內容，同時簡介說明人間佛教的各項「社會運動」，從中亦足以說明，人間佛教是個最具人間性、生活性、社會性、時代性，以及利他性、喜樂性、普濟性、平等性的佛教。

【人間佛教現代律儀】

一、生活律儀百事

一般佛教徒發心學佛以後，除了受持淨戒之外，更需進一步在日常生活中廣修善業；大師認為，「八正道」正可以做為人間生活的依循，於是據此為人間佛教寫下「生活律儀百事」，做為大眾日常生活的行事準繩。

「生活律儀百事」內容分別有「僧信共遵」的八十條，以及「僧眾應守」的二十條。「僧信共遵」又分為社會律儀、居家律儀、人事律儀、生活律儀、自然律儀、國際律儀、教育律儀、信仰律儀等八類。列舉數則如下：

（一）僧信共遵：

【社會律儀】

1. 政治是一時的，信仰是永久的；信眾可以參與憲法中的政治活動，僧眾只可「問政」而「不干治」。

2. 從事政治者，不貪污舞弊，不假公濟私，不藉勢磨人，不欺壓善良，不兩面人格、兩種手段、挑撥離間，否則非為真正信者。

3. 任公職者，應以服務人民為目的，不可官僚、霸道，刁難民眾；民意代表於國家廳堂問政，應以理相爭，不可咆哮、打鬧取寵。

4. 無論僧信，不背叛國家、私通敵國、洩露國家機密、造謠生事，不陷國家於危機。

【居家律儀】

1. 重視倫理，提倡孝道，居家和樂，上慈下孝，兄友弟恭，妯娌和睦，婆媳愛敬，即使至親骨肉，也應相互尊重個人的生存權利。

2. 個人生活崇尚簡樸，養成清貧思想，衣食住行等日常資用，但求樸素，不奢侈浪費，不追求時髦，不講究或標榜名牌。

3. 尊重每一個家庭成員個體，尤其愛護老弱婦孺，避免家庭暴力或不倫諸事的發生。

4. 營造良好的居家品質，增加生活樂趣，提昇精神層次。與社區、鄰居要敦親睦鄰，守望相助；對獨居長者要主動關懷、慰問。

【人事律儀】

1. 尊重別人隱私，不可窺人私密，不可揭人之短，不可搬弄是非。

2. 工作上應尊重制度，勤奮向上，樂觀進取，培養責任感、榮譽心，儘量與人為善，尤其不以情緒做事，不輕言說「不」，以免阻礙學習、結緣的機會。

3. 主管應該愛護部屬，要能傾聽屬下的意見，尤其要健全自己。如：包容的心胸、承擔的勇氣、決斷的智慧、主動的精神、不看輕後學、不專權執著、不疑心猜忌、不爭功諉過，凡事與屬下共榮共享。

4. 共事相處時，要相互尊重，分工合作，彼此謙恭禮讓，不製造事端，以責人之心責己，以恕己之心恕人。

【生活律儀】

1. 生活要有規律，不得浪蕩嫖賭，不得吸毒煙酒，要注重運動保健，要守時、守信、守道、守法。

2. 出眾威儀要端莊，不蓬頭垢面、衣冠不整，尤其不可奔跑跳躍、嘻笑喧譁、爭先恐後、爭搶坐處，乃至遙相呼笑、比手畫腳、私下耳語，或在眾中以方言對談等。

3. 講話要簡明扼要，措辭要文雅有禮，不說綺語，不可兩舌、惡口，尤其說話不可壞人信心，否則斷人慧命，也是如同殺生。

4. 出門行車，要遵守駕駛禮儀，守法忍讓，不可違反交通規則，不得亂鳴喇叭，不要製造噪音，不排放廢氣污染，不胡亂飆車。

【自然律儀】

1. 不可濫墾濫伐、不得侵佔國土、不要違章建築。

2. 不可任意棄養寵物，不做不當的放生，應該積極護生，尤其給人因緣，放人生路，就是最好的護生。

3. 日常資用，如水、電、衣食等，要節約用度，應知「滴水如金」、「一紙需費多少竹木」，所以要珍惜能源，不可恣意浪費；對於公共設施，亦應珍惜，不可任意破壞。

4. 實施垃圾分類，不亂丟廢棄物，不任意燃燒有毒廢料，不污染空氣、不弄髒水源、不糟蹋大地，要為普世人類留下乾淨美好的地球。

【國際律儀】

1. 國家人民要和諧，不營私弄權，不黨同伐異，不製造分裂內亂，不計較前仇舊恨。

2. 種族要平等，不可故意挑起族群對立，對少數民族要尊重，對弱勢大眾要愛護。

3. 人權應該受到尊重，舉凡生存、參政、財產、自由、文化、智慧、信仰等，均應受到尊重與保障。

4. 國際間遇有重大災難，應該本著人道精神，迅速提供救援，彼此相互幫助，要有「人飢己飢，人溺己溺」之「共生共榮」的關懷。

【教育律儀】

1. 家庭教育：父母對子女要照顧其生活，負起養育之責，同時應該給予善良的教育，包括語言、思想、行為、道德、人格等，都要有所規範，從小要養成良好的習慣，例如：生活作息規律、行為情緒正常、待人謙虛有禮、不看不正當的書刊、不沉迷網路、電視等，進而要經常進出圖書館，多看好書。

2. 社會教育：人要學習各種謀生技能，一生至少要擁有三張執照，例如：檀講師、教師、醫生、護士、會計、駕駛、廚師、水電、縫紉、室內設計、農耕、園藝、書畫、編輯等。

3. 終身教育：學習是一生的事，所謂「活到老，學到老」，要永續學習。學習最重要的是——學習服務，學習奉獻，學習利人，學習尊重異己，學習共生和諧。

4. 人格教育：以慈悲人格為學習目標，以諸佛菩薩為效法榜樣，以戒定慧為求道根本，以智仁勇為做人方針，心中要建立「聖賢偶像」的觀念。

【信仰律儀】

1. 信眾與僧眾往來，應建立正確知見，如：僧事僧決、不任意留宿溜單僧侶，以免破和合僧，違犯五逆之罪。如果護持違反清規、背叛師門之僧侶，亦視同犯戒。

2. 人間佛教生活佛法化，生活中要有信仰，舉凡婚喪喜慶、房子喬遷等，應以佛教儀式行之，不舖張浪費、不迷信執著看風水、時辰，應知只要心好，則日日是好日，處處是好地。

3. 人生應該及早規畫修道生活，如參加三皈五戒、八關齋戒、短期出家、遊學參訪等，或投入義工服務的行列。

4. 布施時，應該量力隨喜，要合乎不自惱、不自苦、不懊悔的布施，並且應該選擇從事教育、文化、慈善、修持等對舉世有貢獻的正信道場，做為種植福田的準則。

(二) 僧眾應守：

1. 奉行四根本戒：不殺生而護生，不偷盜而布施，不淫欲而尊重，不妄語而誠實；應以「饒益有情」做為終生奉行之規範。
2. 不可寄佛偷生，要發心普度眾生；俗情宜平淡，應將身心安住在慈悲、菩提、自在解脫之上。
3. 要堅定「四不壞信」，不信邪教，不看邪書，不和邪人來往，不參與邪事活動。
4. 要做一個有道氣的出家人，例如：去傲慢、受委屈；勤作務、惜福報；有悲願、愛佛教；要淨信、真修行；改習氣、養威儀；除嫉妒、寬心量；避譏嫌、遠世俗；勤學習、為度眾；應節儉、要知足；有自制、不放逸；不爭論、無怨恨；淡親情、求內證。
5. 心量要寬大、人格要崇高、知識要豐富、道心要堅定，要把狹隘的感情擴大、超越、昇華為愛讀書、愛服務、愛修行、愛大眾、愛常住、愛佛教、愛弘法。

二、人生百事

「人生百事」是大師於二〇〇五年所作，旨在提供給社會大眾做為「人生座右銘」，希望大家每日以此自我勉勵，自我檢測，自我超越，並且自我進德修慧。內容分為「生活篇、立身篇、處世篇、群我篇、敦品篇、修行篇」等六類。列舉數則如下：

1. 每天至少閱讀一份報紙，了解時事；至少閱讀一本好書，要做書香人士。

2. 生活作息要正常，思想行為要正派；早晚起居要定時，每日三餐要定量。

3. 因緣果報，不可不明；窮通禍福，不可不知。

4. 懂得自律、自覺、自悟，具有恆心、毅力、樂觀、勤奮，並且樂於結緣施捨，前途就有光明。

5. 改變陋習，創造前途，不要等待機遇。

6. 去除私有的觀念，把自己付予公理、公義、公平、公有。

7. 不要為逞己之快，而用口舌諷刺別人，要能給人歡喜、給人幫助、給人讚美，讓人認同。

8. 對自己要能不忘初心，對朋友要肯不念舊惡，對好事要做不請之友，對社會要會不變隨緣。

9. 能承受外境加予自己的壓力，而且不覺得有壓力的存在，因為有壓力，才會有動力。

10. 經常不求回報的幫助他人，多作一些好事，做人間善美的義工。

11. 遇事要有反省的自覺力，不怨天尤人，須知凡事都有前因後果。

12. 提起善美好事，放下憂悲苦惱，讓自己的內心成為好的工廠。

三、密行百事

大師認為，所謂「正信」佛教徒，並不在於每天誦多少經、念多少佛，重要的是能夠在生活裏時時奉行佛法，用佛法來規範自我的身心行儀，進而利益他人，以此做為自己的日課修行，當成自己的密行修持。

密行，是增進品行、圓滿道德的不二法門，大師撰寫「密行百事」，就是希望佛教徒以此做為記錄善惡功過的對照表，做為自己端正言行的一面明鏡。內容包括「做人密行」、「生活密行」、「處世密行」、「修行密行」各二十五事。列舉數則如下：

1. 忍一句，耐一時，退一步，饒一著，是為做人的密行。

2. 遭惡罵時默而不報，遇打擊時心能平靜，是為做人的密行。

3. 不為忌彼好而打擊別人，是為做人的密行。

4. 以責人之心責己，以恕己之心恕人，是為做人的密行。

5. 每日幫人作一些好事，不求回報，是為生活的密行。

6. 睡前誦念懺悔文，反省一日過失，是為生活的密行。
7. 每日將歡喜慈悲與人分享，是為生活的密行。
8. 改心、換性、回頭、轉身，是為生活的密行。
9. 恆順他人，重視民意，是為處世的密行。
10. 隨力、隨分、隨喜、隨緣布施培福，是為處世的密行。
11. 明因識果，是為處世的密行。
12. 自己無理，別人都對，是為處世的密行。
13. 心無亂想，正慧明了，是為修行的密行。
14. 身無邪行，口無惡說，是為修行的密行。
15. 知足淡泊，志樂寂靜，是為修行的密行。
16. 不稱己善，不宣人過，是為修行的密行。

四、示徒百事

大師感於世間上的萬事萬物，都能用度量衡來權衡、計量；佛光弟子也要有一個度量衡，測一測自己的度眾能量有多少？容人心量有多大？因此寫了「示徒百事」，希望徒眾弟子們藉此不斷自我提昇、自我健全。列舉數則如下：

1. 佛光弟子做人要正派，寧可正而不足，不可邪而有餘。
2. 佛光弟子要有「我為佛教」的發心，不要養成「我靠佛教」的性格。
3. 佛光弟子要能「非佛不作」、「非法不為」、「非禮不說」、「非道不言」。
4. 佛光弟子對自己要「修三好」——做好事、說好話、存好心；對他人要「修四給」——給人信心、給人歡喜、給人希望、給人方便。
5. 佛光弟子要能忍貧、忍窮、忍苦、忍難，更重要的是忍氣——忍一口氣，海闊天空。
6. 佛光弟子在弘法利生的工作上，要秉持「光榮歸於佛陀，成就歸於大眾，利益歸於常住，功德歸於信徒」的信念，要把「小我」融入「大我」，發揮「集體創作」的精神。

7. 佛光弟子可以無錢無名，但不可無情無義；可以無權無勢，但不可以無道無願。

8. 佛光弟子不以經懺為職業，經懺佛事可以用來為信徒結緣、祝福，但不可以交換金錢，成為職業。

9. 佛光弟子可以沒專長，但不能沒有發心。

10. 佛光弟子要能「胸懷法界」，要有與人「共生共榮」、「共有共享」的因緣觀。

五、人生卜事

大師弘法數十年當中，經常有人請他給予「一句話」作為勉勵；因為感於一般人心中有了疑惑時，總是希望獲得「一句話」來指點迷津。因此大師以他的生命經驗，撰述一〇八則法語，希望帶給大家正向的指引，並且明白「自業自受」，人生的禍福都是取決於自己的行為而定，希望人人都能自己做自己的主人。列舉數則如下：

1. 常作「難遭難遇」想，要把握當下的機遇。
2. 世間事苦樂都是當然的，要能看破放下。
3. 自我要把持正派的、善美的、淨化的心念。
4. 生氣不能解決問題，要能爭氣才更重要。
5. 結緣總比結怨好，要實踐三好、四給、五和。
6. 能捨，必有得，有播種，才會有收成。
7. 面對問題，不要退縮，心存善念，光明在前。
8. 有情有義，情義是人生的基石。
9. 先檢查自己的心，要知道自己的心是善是惡？
10. 做自己的貴人，自己有力量，才能解決問題。
11. 能承擔世間憂悲苦惱的萬事，才是人間行者。
12. 想成功，要有通路，事通、理通、人我都通。

六、人生二十最

大師感於人生處世，不可能單獨生存，必須過群我的社會生活。尤其學佛更要注意人際之間的共處，因為「佛果在眾生身上求」、「佛法在恭敬中求」，每個人都不能忽視周遭成就我們的大眾。

所謂「寬可以容人，厚可以載物」，我們在社會上立身處世，要想贏得別人的尊重，受到別人的歡迎，不能不先把自己修養好，因此大師寫下「人生二十最」，希望做為佛教徒修身養性的座右銘。內容如下：

1. 人生最大的敵人是自己。

2. 人生最大的毛病是自私。

3. 人生最大的悲哀是無知。

4. 人生最大的錯誤是邪見。

5. 人生最大的失敗是懦慢。

6. 人生最大的煩惱是欲望。

7. 人生最大的無明是怨尤。

8. 人生最大的憂慮是生死。

9. 人生最大的過失是侵犯。

10. 人生最大的困擾是是非。

11. 人生最大的美德是慈悲。

12. 人生最大的勇氣是認錯。

13. 人生最大的收穫是滿足。
14. 人生最大的能源是信仰。
15. 人生最大的擁有是感恩。
16. 人生最大的修養是寬容。
17. 人生最大的本錢是尊嚴。
18. 人生最大的歡喜是法樂。
19. 人生最大的希望是平安。
20. 人生最大的發心是利眾。

「人生二十最」雖然是一種道德的勸說，實際上也就是人間佛教的戒條，如果無法做到，就不是正信的佛教徒。

【人間佛教社會運動】

一、慈悲愛心人運動

一九九七年五月十日，國際佛光會在佛光山召開理事會議，因感於社會上不斷發生重大案件，造成人心不安，因此決議舉辦「慈悲愛心列車」活動。

活動以「心靈淨化、道德重整、找回良知、安定社會」為宗旨，活動型態包括「環島街頭佈教」、「帶動唱」、「現代善知識五十三參」等。所有佛光會員都是當然的「慈悲愛心人」，大家深入大街小巷，路邊廣場，甚至以街坊鄰居為對象，不斷散播慈悲、愛心的種子，喚起人人「日行一善，多講好話，多做好事」，期能為子孫留下人間淨土，共創「祥和歡喜」的社會，同享「圓滿自在」的人生。

內容：

慈悲愛心，走上街頭；救心救國，全民運動；去除十惡，修身齊家；日行一善，共成淨土。

由於慈悲愛心人活動宣導的內容，主要是以效法過去菩薩精神的「五十三參行事」為準則，因此大師特別為活動寫下「現代善知識五十三參」，現在已經成為「慈悲愛心人」的傳家之寶。列舉數則如下：

1. 悲天憫人，謹言慎行。

2. 與人為善，心甘情願。

3. 用心要慈悲，行事要方便。

4. 常常買好書，天天看好書。

5. 開車不喝酒，喝酒不開車。

6. 視貧病如親人，視幼弱如子女。

7. 大家來環保，污染自然少。

8. 器官要捐贈，大愛留人間。

9. 包容無心過，積福遠災禍。

10. 做人要認真，大家要共生。

二、七誡運動

一九九四年，大師感於當代人類因為過於追求物質享受，造成人性墮落與道德淪喪，尤其毒品戕害人心，以及色情氾濫、暴力橫行、偷盜搶劫等社會失序問題嚴重，幾乎人人自危，安寧無日。為了淨化人心、建立祥和社會、杜絕毒品氾濫、敦厚倫理道德、創造全民安和樂利的生活，國際佛光會特別舉辦「淨化人心七誡運動」。此運動是沒有期限的「掃毒淨心」、救國救民運動。

內容：

1. **誡煙毒**。
2. **誡色情**。
3. **誡暴力**。
4. **誡偷盜**。
5. **誡賭博**。
6. **誡酗酒**。
7. **誡惡口**。

「七誡」的內容，其實就是「五戒」：不殺生、不偷盜、不邪淫、不妄語、不飲酒，外加不煙毒、不賭博。五戒又稱為根本大戒，一切戒律都是依據五戒為根本，因此如果違犯此七誡者，即非正信佛教徒。

三、三好運動

一九九八年，大師獲得西藏貢噶多傑仁波切贈送一顆佛牙舍利，在恭迎佛牙舍利回台灣當天，特別在台北中正紀念堂的廣場，舉辦一場「恭迎佛牙舍利顯密護國祈安法會」，現場共有十萬群眾參與了這場盛會。

大師目睹這麼多人因為佛陀的慈悲攝受而到會場共襄盛舉，感動之餘，想到佛陀雖然已經涅槃二千多年，但佛陀的精神、典範我們應該要學習、效法，這才是恭迎佛牙舍利的意義。

因此，大師現場即席發起「三好運動」，希望人人「做好事、說好話、存好心」，透過「三好」的奉行，也就是「三業」的淨化，祈能消弭人我之間的紛爭與對立，繼而建設和諧安樂的社會。

內容：

1. **做好事**——要做善行、懿行、美行、利行等有益於人間的好事；把侵犯傷害的惡行，換成利益大眾的佛行。

2. **說好話**——要說真語、實語、如語、不異語、不誑語等令人受用的好話；把瞋恨嫉妒的惡口，換成柔軟讚嘆的佛口。

3. **存好心**——要存慧心、道心、悲心、願心等祝福別人的好心；把愚癡無明的邪心，換成慈悲智慧的佛心。

四、把心找回來運動

一九九二年，大師感於當時社會治安日益敗壞，倫理道德日益淪喪，為了把每個人本自具足的慈悲喜捨、慚愧感恩的真心找回來，而由國際佛光會中華總會與中華文化復興運動總會聯合舉辦「把心找回來」活動。

活動期間分別邀請社會的名人、學者，到全省舉辦巡迴講座，並於全國電視台、廣播電台訪問各行各業人士，同時拍攝國、台語宣傳短片，以及和《中央日報》合辦徵文活動等，希望結合各宣傳媒體，呼籲大家要尊重生命、關愛社會，尤其希望每個人都能找回自性中的慈悲心、感恩心、慚愧心、菩提心，以實踐「自利利他」的菩薩道為修行。

內容：

愛惜生命，慚愧感恩；自然保育，節約惜福；

知足不貪，擁有聖財；找回真心，無限美好。

五、佛光會員四句偈

一九九一年國際佛光會中華總會成立，大師特別親手撰寫「佛光會員四句偈」，作為所有佛光會員每日三餐及早晚課誦回向時唱念的偈頌。

此四句偈的內容具足一切佛法，包括：首先要發「慈悲喜捨」四無量心，再以「惜福結緣」來廣利人天；日常不管修學「禪、淨、律」等任何宗派的法門，都要有「平等心」與「忍」的智慧，同時要心存「慚愧感恩」，不斷發「大願心」來完成佛道。此四句偈是佛光人「內修外弘、圓成自他」不可少的修行。

內容：

「慈悲喜捨遍法界」——這是內修的自我涵養；
「惜福結緣利人天」——這是外弘的利生化世；
「禪淨戒行平等忍」——這是治學的思想方針；
「慚愧感恩大願心」——這是自他的人格圓成。

六、七滅諍法

佛光會員平時在佛法的指導下，大家相處和諧、融洽。但在人間生活，有人的地方難免就會有是非，因此在佛光會成立之初，大師就訂下「七滅諍法」，做為佛光會員之間解決糾紛的準則，同時做為大家應守的戒律，若有會員不奉行此「七滅諍法」，即非正信佛教徒。

內容：

1. 雙方各說一次，糾紛由上級教會或大德裁決。

2. 若有人舉過，自說有無，只要對三寶、良知負責。

3. 言行不正，精神異常，待其正心，著令佛前懺悔。

4. 犯者自我發露表白，向當事者或本師表達懺悔。

5. 犯者不服其過，亦無悔意，言行矛盾，令停與會乃至終身不得受獎及名位等職。

6. 彼此互相爭論，是非難斷，在有德高僧五至七人前，以多數決其是非，如再不服，永擯會外。

7. 雙方互道其錯，互為作禮，即視其恢復清淨。

二千五百多年前，佛陀臨涅槃時，囑咐弟子要「以戒為師」，戒是一切修行法門的根本，一切善根功德悉由持戒而生，因此《華嚴經》說：「戒為無上菩提本，長養一切諸善根。」《佛遺教經》也說：「若人能持淨戒，則能有善法；若無淨戒，諸善功德皆不得生。」《大般涅槃經》更說：「眾生雖有佛性，要因持戒然後乃見。」由此可見戒的重要。

人間佛教落實戒律於生活

戒不是用來「讀誦」的，而是要去實踐「奉行」。戒律的精神在於自發心的清淨受持，在於實踐菩薩道。人間佛教倡導「自覺行佛」，不但體現了大乘菩薩戒的精神，同時確實掌握了「解行並重」的學佛要諦。

學佛修行，從發心信仰到究竟證悟，必需經過「信解行證」的修學過程。此中解與行如人之雙足、鳥之雙翼，缺一不可。因為學佛如果不重慧解，容易盲修瞎練，走火入魔；但是如果只在慧解上著力，沒有修持的實證功夫，則所謂慧解也只是知識的增加，和一般世間的哲學研究差不多，並不能獲得佛法的實益。

所以，人間佛教的星雲學說，一方面著重在「緣起中道」的真理闡揚，同時不離於「自覺行佛」的生活修持；由於結合理論與實踐，同時落實戒律於生活，因此能夠發揮「化世益人」之功。相形之下，過去學佛的人常常未能循著正道，行解不合一，致使佛法與生活脫節，不但自己無法獲益，也讓佛教為人所垢病。

大師開創佛光山，致力於人間佛教的弘揚，乃至創辦佛光會，推動各項佛化世間的行佛運動，都是為了把佛法帶到社會上，走進家庭裏，讓每個人的心靈中都能得到佛光的照耀與啟迪，繼而把自己內在的佛性開發出來，如此才能在生活中享受法喜安樂，這就是大師所要弘揚的人間佛教。由此可見，人間佛教的星雲學說，其內涵既是「佛說的」，也是「人要的」，更是「淨化的」、「善美的」，正因為如此，佛教因此得以活潑潑的走入人間。

【第四章】轉識成智

星雲學說的目標圓成

佛陀成道後，說法四十九年，談經三百餘會，佛陀所開示的教法，稱為「正法」；學佛修行就是要依佛陀所開示的正法而修、依佛陀所指示的正道而行，如此才能走上「成佛之道」。

在《大寶積經》中，佛陀曾開示「依法不依人，依智不依識，依義不依語，依了義不依不了義」，這就是修道者所應依止的四種正法。此中「依智不依識」，說的是學佛當以無漏的般若智慧為依，不可依於有漏的分別意識，因此修學唯識最終的目標，就是「轉識成智」。

其實不只是修學唯識的人才需要「轉識成智」，凡是想要超越生死輪迴、獲得解脫自在的人，都要以「轉識成智」為目標。因為「識」是人間情識，是生死的根本；「智」是般若自性，是解脫的要道。平時一般人的生活裏，都是用世間的學問、知識在分別、判斷、決策，容易被假相所迷，因此起惑造業，以致生生世世在六道裏輪迴不已，故而凡夫眾生要想超越六道輪迴，由凡入聖，就需要開發人人本具的般若自性；唯有開啟般若的智慧之眼，才能看清人生實相，所以學佛不僅要「依智不依識」，還要進一步「轉識成智」，如此才不會被世間的幻象迷惑。

學佛旨在「開發不一樣的智慧」

星雲大師弘揚人間佛教，就是要幫助眾生「轉迷為悟」，因為人生處世，不是迷，就是悟，迷悟往往只在一念之間！一念迷，愁雲慘霧；一念悟，慧日高懸。學佛正是為了「轉迷為悟」，也就是要「轉識成智」；能夠轉識成智，才能「轉苦為樂」、「轉凡成聖」、「轉煩惱為菩提」，才能免於生死輪迴。因此，幫助眾生「轉識成智」來圓滿生命，便成為「人間佛教星雲學說」的最終目標。

說到「轉識成智」，根據經典所說，學佛須要三大阿僧祇劫的修行才能圓滿佛果。成佛為什麼需要如此漫長的時間？主要的原因就是「轉識成智」不容易。因為凡夫眾生累劫以來都是透過六根在追逐六塵，於是在八識田中積存了太多雜染的業識種子，所以必須經過多生累劫的「福慧雙修」，也就是前面所說的「自覺行佛」的菩薩道之實踐，才能「轉染成淨」、「轉識成智」，才能圓滿生命，究竟解脫。因此，放眼於「轉識成智」以圓滿生命的人間佛教，一向重視文教弘化。

所以強調文教弘化，主要是因為長久以來，一般社會人士總把佛教定位在

慈善工作上，總認為佛教之於社會的主要功能，應該是從事恤孤濟貧的慈善救助。對此大師表示，佛教最大的功能，應該是宣揚教義，是以佛法真理來化導人心，提昇人性的真善美，帶動社會的和諧安定，繼而促進世界的和平，這才是佛教最終的職責所在，這才是最究竟的慈善救濟。193.

大師感於過去有很多人誤以為慈善事業就是財物的救濟，其實佛教將布施分為三類：財施、法施、無畏施；財施僅能救急，不能救窮，只有治標而不能治本，真正的慈善事業必須能徹底解決受難者的痛苦。而佛教基於世人迷昧因果，在煩惱苦海中輪迴不已，因而廣說緣起中道、因緣果報的道理，期望眾生在正知正見下，轉煩惱為菩提，化悲怨為力量，建立幸福快樂的人生194.。因此，大師弘揚人間佛教，雖然並不偏廢慈善、公益、共修、法會等利益世間的事業與活動，但凡有所作，都是為了體現佛法的精神內涵，都是為了宣揚教義，都是為了幫助眾生開發般若智慧。

所謂「般若智慧」，正確而言，「智慧」並不等同於「般若」，因為一般世俗的智慧，都是由外而來，是經由知識、學問所累積而成的世智辯聰；知識有好有壞，有善有惡，知識能成事也能壞事，甚至世間的學問再好，知識再淵博，一旦面對人生的生死問題時，往往一點也派不上用場，所以大師說，學佛就是要開發不一樣的智慧，也就是要發掘自性裏的般若智慧。195.

「般若」即眾生清淨光明的自性

什麼是「般若」呢？如前提及，般若是正見緣起、了悟諸法空性的智慧；能夠認識「緣起性空」、「不生不滅」的諸法實相，就是般若。因此大師強調，般若並非外來的知識，而是眾生清淨光明的自性，是眾生的本來面目，如六祖大師說：「一切般若智，皆從自性而生。」因此若能「識自本心，見自本性」，即得般若。196.

般若既是眾生本來的面目，何以眾生不覺呢？大師說，般若是法身、實相、真如、自性、佛性的同義詞，佛性人人本具，但是凡夫眾生由於妄想執著，因此迷失自性，故而起惑造業，輪迴生死；般若對人生的重要，就在於般若有知苦滅苦、觀空自在的功能，如《般若心經》說：「觀自在菩薩，行深般若波羅蜜多時，照見五蘊皆空，度一切苦厄。」197.

193.《如是說》，星雲大師著。（現存佛光山法堂書記室檔案館）

194.《佛教叢書．教用》——〈佛教與慈善事業〉，星雲大師著。

195.《如是說》，星雲大師著。（現存佛光山法堂書記室檔案館）

196.《人間佛教叢書》第一集《人間佛教論文集》上冊——〈人間佛教的戒定慧〉，星雲大師著。

197.同上。

從大師的開示可知，有了般若才能徹悟諸法空性，「空」是宇宙萬法的實相，能夠洞見諸法實相本空，就能認識我們的心當體即空；因為空，所以能生萬法，因此《入楞伽經》說：「心生種種生，心滅種種滅。」

心是生起萬法的第一因，《大乘起信論》據此主張「萬有歸於一心」，而眾生與佛都同具此心，只是因為有「覺」與「不覺」的分別，所以將「一心」分立為「二門」，也就是「心真如門」與「心生滅門」。

從「心真如門」來看，心的本體沒有生住異滅、迷悟染淨等對待差別之相，是絕對平等的理體；此理體不生不滅，不增不減，真實如常，這是「覺者」證悟的境界。但是凡夫「不覺」，心隨境轉，隨緣生滅，所以呈現生住異滅、迷悟染淨等對待差別的動相，這就是「心生滅門」。

「心真如門」與「心生滅門」是一體兩面的關係，二者不一不異，正如水與波。水是靜的，波是動的，此為不一；離水則無波體，此為不異，所以說不一不異。為了讓人明白此中的道理，大師舉「慧可安心」的公案，說明未安之心就是心生滅門，已安之心就是心真如門，所以凡夫眾生只要識心寂滅，泯除妄想動念，真如本體自然現前，這時就能見到自己與佛同等的真如佛性，這就是「明心見性」。[198]

「明心見性」&「轉識成智」

說到「明心見性」，曾有信徒問大師：「何謂心性？」

大師說：心和性不同，佛性人人本具！所謂「何其自性，本自清淨；何其自性，本不生滅；何其自性，本自具足；何其自性，本不動搖；何其自性，能生萬法。」問題是，我們的心被無明煩惱覆蓋了，就如烏雲蔽日，看不到光明。所以，如何看清自己的心？這才是學佛所要下的功夫；只要我們能夠明心，自然能夠見性！199.

過去一般人學佛，常把「斷煩惱，了生死，離苦得樂」掛在嘴邊。大師認為，如果我們能明心見性，則煩惱不斷而自斷，生死不了而自了，眾苦不滅而自滅，諸樂不求而自得，因此古人不惜草鞋錢，千山萬水參訪名師，尋找善知識，吃盡苦頭，無非是為了要明心見性。200.

198.《佛教叢書・儀制》——〈問題答問篇・什麼是一心二門？〉，星雲大師著。

199.《如是說》，星雲大師著。（現存佛光山法堂書記室檔案館）

200.《佛教叢書・教理》——〈明心見性〉，星雲大師著。

既然「明心見性」這麼重要，那麼如何才能「明心見性」，如何才能從生滅不已的妄心中覺悟出自己的真心本性？在唯識宗來講，就是要「轉識成智」。唯識宗認為，宇宙萬法存在的根源，都在於阿賴耶識內所含藏的種子，因此以「阿賴耶緣起」為基礎，闡明「三界唯心、萬法唯識」及「識外無境」的道理。

簡單說，唯識宗認為，世間萬法都是「心識」作用所產生的結果，所謂「唯心所現，唯識所變」；「識」就是「心」對「境」生起的了別作用，「心」是「識」的本體，「識」是「心」的作用，如果沒有心識的了別，一切外境其實都不具有任何意義。所以，唯識宗主張「識外無境」，並非否定一切外境的存在，而是說明因為有心識的分別、執取、造作，才有輪迴生死的業識種子，所以「萬法唯識」的教義宗旨，就是要我們去除對心外之境的分別執著，來徹悟自性裏的「無分別智」，能把凡夫有漏的虛妄心識，轉成聖者無漏的真實智慧，這就是「轉識成智」。

為了闡明這個道理，唯識宗把人的心識分為八種，即：眼識、耳識、鼻識、舌識、身識、意識、末那識、阿賴耶識。此八識稱為「心法」，外加「心所法」五十一種、「色法」十一種、「心不相應行法」二十四種、「無為法」六種，計有百種法，所以稱為「五位百法」。

唯識講心含八識，表示心並非單一的元素，而是各種因的聚集。這些因來自眼、耳、鼻、舌、身、意等六根的作為，因此生起「六識」；又以第七末那識緊緊執持「我」的意識，片刻不斷，因此收集了各種心識種子的第八阿賴耶識，便成為輪迴的主體，伴隨著眾生在六道裏生死輪迴不已。

這個聚集多生累劫善惡種子的阿賴耶識，就像一個大倉庫，收藏著我們今生已不復記憶的種種愛恨恩怨等情識，不但左右我們現世一切行為的抉擇，甚至當我們一期生命結束，重新投胎轉世時，過去種下的惡因種子一旦現行，就會障礙我們的智慧，讓我們生起無明煩惱而造作惡業，於是又成為惡因種子。相反的，當過去世所種的善因種子起現行時，會讓我們智慧明朗，心生慈悲，常做善事，如此善因種子回薰阿賴耶識，就會成為我們來生的福德因緣，這就是唯識學所謂的「種子起現行，現行薰種子」。

由於第八阿賴耶識藏有煩惱、所知二障的種子，同時也藏有無漏智的菩提種子，因此才有機會「轉識成智」。也就是說，只要我們透過修道的次第，逐一把「眼耳鼻舌身」等前五識轉為「成所作智」，把第六意識轉為「妙觀察智」，把第七末那識轉為「平等性智」，把第八阿賴耶識轉為「大圓鏡智」；能夠轉「八識」成為「四智」，自然能證得無漏的菩提真智，當下就能轉「煩惱」為「菩提」、轉「生死」成「涅槃」，這就是唯識宗所謂的「轉識成智」。

人間佛教「八宗兼弘」，不偏「空」，也不執「有」

唯識宗源自印度瑜伽行派，為了究明萬法唯識所變現的原理，以及如何將唯識所現的染法轉成淨法，因此建立種種「法相」，說明心識的作用與現象，藉以解釋宇宙人生的真理，所以又稱為「法相宗」，一向被歸類為「有宗」；另有中觀學派，主要宣揚「緣起無自性」的般若空義，是從「法性」上建構離於有無二邊的「中道」空觀，被稱為「空宗」，二者同為佛教重要的二大主流思想。

過去空、有二宗，由於對佛法的教義、思想，彼此看法、主張不同，因此時有論爭。對此大師認為，「緣起性空」是佛教的根本教理，世間萬法乃至我人的生命，都是因緣和合而有，要靠因緣和合才能生存；因緣和合的一切，其本體是空，空與有是一體的兩面，認識空有一如，才能真正認識生命的本體，甚至發揮生命的功用，才能圓滿生命。因此大師的佛法思想，既不偏於「空」，也不執著「有」，甚至如前所說，大師主張一切佛法都是人間佛教，所以人間佛教一直是倡導「八宗兼弘」。

早在一九七七年，大師在台北中山堂，曾以「從佛教各宗各派說到各種修持的方法」為題，作了三天講演，分別把八宗的思想源流及修行方法，逐一介紹。大師以一首四句偈，扼要標出八宗的修行特點：

「密富禪貧方便淨，唯識耐煩嘉祥空；
傳統華嚴修身律，義理組織天台宗。」

所謂「唯識耐煩」，大師說，學法相唯識的人，必須耐煩，因為法相唯識的名相很繁瑣，義理層次比較複雜，如果不耐煩，一進入法相唯識裏面，就如墮入五里霧中，無法把它的頭緒搞得清楚，所以學唯識必須像學數學一樣，要耐得住煩，才能學得通。201.

201.《星雲大師講演集》第二冊——〈從佛教各宗各派說到各種修持的方法〉，星雲大師著。

「唯識」說理縝密，堪稱「佛教心理學」

唯識學雖然名相繁瑣，不容易為一般人理解，但大師肯定唯識學所立的名相為佛學名相的基礎，說理縝密，分析心理過程透徹，雖有「俱舍八年，唯識三年」之說，然其主張與實際生活多所相應，堪稱為佛教的心理學。*202.*

再者，一般的心理學，只涉及到第六意識，而唯識學所說的識，不但第六識，還有第七識、第八識等非常微細的心識活動，因此儘管佛教的教義幾乎都在談心，但大師認為此中仍以「唯識學」對人類精神的分析，最具現代心理學色彩。*203.*

尤其，佛教的宗旨是在解決現實人間的迷惑與痛苦，而唯識宗就是以「萬法唯識」的觀點，說明宇宙人生的真象，並且提供吾人如何循序漸進，斷除執障，趨向悟道證果的途徑，是以大師平時不管在講演開示，或是為文寫作時，對唯識學的義理、思想，總是多所闡述。

例如，唯識宗主張「萬法唯心造」、「心識變現一切」，大師惟恐一般人因此以為佛教是倡導「唯心論」的宗教，所以大師說，其實佛教既不偏於心，也不偏於物，佛教認為主觀的心識與客觀的世界是相互依存，而非絕對的對立；之所以強調心識的活動，是因為佛教是以人為本的宗教，所以站在主體「人」的實踐面，主張藉著淨化自己的心靈，來達到圓滿幸福的人生。204.

大師進一步說明，人之所以產生煩惱，究其原因，其實是眼、耳、鼻、舌、身、意等六根，對外攀取色、聲、香、味、觸、法等六塵，於是五欲、六塵便像塵埃一樣覆蓋真心，產生無明，進而起惑造業。因此，學佛修行不但要「勤修戒定慧」，以期「息滅貪瞋癡」，尤其要「轉識成智」。205.

為了說明轉識成智的重要，大師引用《六祖壇經》所謂「世人生死事大，汝等終日只求福田，不求出離生死苦海，自性若迷，福何可救？」以及《攝大乘論講記》說：「佛法不外乎轉迷啟悟、轉染成淨的行踐；轉迷啟悟與轉染成淨的關鍵，即是知。」206.

202.《佛光教科書・宗派概論》——〈法相宗〉，星雲大師著。
203.《佛教叢書・教用》——〈佛教與心理學〉，星雲大師著。
204.《佛教叢書・教理》——〈一念三千〉，星雲大師著。
205.《佛光教科書・佛教的真理》——〈煩惱〉，星雲大師著。
206. 同上。

所謂「知」，大師解釋：「知」就是明理，就是智慧，就是「轉識成智」，吾人若能轉前五識為「成所作智」，讓我們所做所為都是為眾生行善、轉第六識為「妙觀察智」，善於觀察諸法實相、轉第七末那識為「平等性智」，觀一切有情悉皆平等、轉第八阿賴耶識為「大圓鏡智」，得離一切虛妄分別，則無明煩惱滅盡，自能開顯佛性，找回自我，因此佛法說「煩惱即菩提」、「生死即涅槃」，此乃大乘佛教之究極。*207.*

大師肯定唯識思想的發展，在佛教教理史上是一大邁進，從阿含、般若、中觀乃至瑜伽，逐漸開展，這是印度佛教思想愈趨縝密、圓融的過程，而在教理的組織與系統上，對於人類思想史的建設，更是偉大的成就之一。*208.*

「八識講話」，闡明唯識要義

為了闡明唯識的思想要義，大師曾於一九九七年以「八識講話」為題，分別在香港紅磡體育館與台北國父紀念館，各做了三天的講演。大師說：認識了八識，才能認識自己，才會懂得如何跟這個「五欲塵勞」的世間往來，才會知道自己生從何來、死往何去？來去之間的過程又是如何？

大師首先以一首偈語：「兄弟八人共一村，村中諸事各持分；五個出外作買賣，心識居家獨自尊。眼觀耳聞鼻作探，舌味身觸心難安；末那執我作傳達，賴耶罪福怎能堪。」逐一把八識的內容、意義、特性，扼要的作了介紹。

大師譬喻人體就像一個村莊，村裏住著眼、耳、鼻、舌、身、意六個主人，第六意識是眼耳鼻舌身等前五識的主宰，支配著他們如何「見聞覺知」。所謂見聞覺知，就是指眼、耳、鼻、舌、身、意等六根，對外執取色、聲、香、味、觸、法等六塵，然後產生分別、認識。

由於前五識的特色是常與外境接觸，第六識則坐鎮在家裏作總指揮，所以說「五個出外作買賣，心識居家獨自尊」。

前六識在平常的生活經驗裏，比較容易感受得到，再往上的第七末那識和第八阿賴耶識則不容易體會。第七識就像傳達室，只做傳達的工作；又像郵

207. 同上。

208. 《佛教叢書‧宗派》——〈唯識宗〉，星雲大師著。

差，負責傳遞信件；也像傳真機，如實將寫下來的東西，傳給另一頭的主人——第八阿賴耶識，一點也不會改變，所以說「末那執我作傳達」。

第八阿賴耶識又叫做「藏識」，就像一個倉庫一樣，如實接收第七識傳來的種種訊息。由於第七識從來不曾分別前六識所造作的是好是壞，只是忠實的交給第八識去儲存；又因為第七識非常執著第八識，宛如一個忠實的僕人，所以事無大小，統統讓主人知道，一點也不隱瞞。第八識接收了所有造作下來的善惡勢力，只好被迫去流浪生死，所以說「賴耶罪福怎能堪」。

六根修行的重要

介紹過「八識」的特性與功能之後，接著大師針對八識之間的相互關係，作了簡要的說明。就「前六識」而言，大師首先談到「六根修行」的重要。大師說，「六根」對我們的影響可謂「禍福參半、功過不一」，因為六根雖然可以行善作福，也可以為惡造業；而凡夫一日之間，舉心動念，造作惡業的時候比較多，於是在眼耳鼻舌身意的種種分別、執著、造作之下，使我們沉淪生死，無有了期，所以老子說：「人之大患，在吾有身。」

眼耳鼻舌身意六根，真正說來就像六個強盜，居住在人體的村莊裏，做盡種種惡業。如王陽明先生說：「捉山中之賊易，擒心中之賊難。」前六識如果管理不好，第八識生生世世都要牽連受累。就像開工廠，只要品管不好，不但會虧本，還有倒閉的危機，所以儒家常說：「非禮勿視，非禮勿聽，非禮勿言，非禮勿動。」佛教裏也有許多心地法門，例如：「發心」、「認錯」、「懺悔」、「發願」、「改過」等，都可以用來規範六根，使能止惡行善。

六根如同六個盜賊，固然讓我們受苦；更麻煩的是第七末那識，因為第七識是一個充滿我執的心識。「末那」是「思量」的意思，第七識長久以來不斷思量第八識為「我」，使得我們的思考方向總是以自我為中心，所以第七識是一個非常本位主義，是純粹利己的心識。

第七識就像一個忠貞侍主的老臣與僕人，在歷劫輪迴裏，永遠把第八識當成生命的主宰，沒有半點懷疑；第七識又像郵差，將前六識所做的一切，毫不糊塗的交給第八識儲存，沒有絲毫懈怠。第七識之所以如此盡忠職守，除了對第八識的執著之外，同時又與四大根本煩惱「我癡、我見、我愛、我慢」終日糾纏，所以成為「我執」的根源，足以讓我們窮盡一生，煩惱不斷，也促使我們在此生將盡時，盲動的尋找彼生的處所。

第八識是生命的主體，人死之後到底投生何處，就是全憑第八識的善惡業種子來決定；而七、八二識是始終緊緊結合在一起的，只要生命不死，第七識對第八識的執著，就不會停止。第八識就像大海，平時海面平靜無波，但是一旦被第七識的無明風一吹，就會掀起波濤，則前六識也會跟著興風作浪，如此一來，累劫累世好不容易掙來的人道生命，從此也就永無寧日了。

為了降伏第七識，因此平常我們說「打佛七」、「打禪七」，實際上就是要打掉第七識的執著，所謂「打得念頭死，許汝法身活」，唯有放下成見，去除我執，第七識才能開拓心胸，放眼天下，才能看見「青青翠竹皆是法身，鬱鬱黃花無非妙諦」的真理世界。

八識與生命的流轉

八識之間彼此互有牽動，八識與三世流轉的生命，更是關係密切，對此大師也有精闢的說明。大師說，人的心識雖然有八，但真正生命的本體是第八阿賴耶識。「阿賴耶」是收藏、儲存的意思，因此第八識又名「藏識」，生生世世收藏許多善惡業識的種子，以便將來因緣成熟時，變成我們投胎轉世的力量。

第八識是生命的主體，是輪迴的根據地，所以又稱為「根本識」；它為我們執取出一段又一段的生命，所以又稱為「有取識」；它與前七識相依而存，互為緣起，所以第八識又叫做「因緣識」。

第八識就像一畝田，可以埋藏許多種子，即使幾年沒有耕種，它的生命力依然存在；第八識也像倉庫、保險箱，能夠收藏我們累劫以來大量的習氣業力，在還沒有現行受報之前，經久不失；第八識又像電腦，一般的電腦會當機，第八識卻從來不當機。

第八識更像一片汪洋大海，前七識則如雨水。海水在太陽照射下，蒸發為水蒸氣，水蒸氣遇冷又凝結成雨水，雨水流入百川，再流回海洋，所有的水滴在自然循環規則下，存而不失。意思是說，當第八識已經成熟的習氣種子生起現行時，前七識藉由現行薰習新的種子，而又回薰到八識田中；八識田裏的種子就在「現行薰種子，種子起現行」中，形成生命的主體，輪迴不已。

輪迴中的第八識，是「去後來先作主翁」；也就是說，人往生的時候，第八識最後離開，投胎時，卻是第一個進入母胎。從生命的「十二因緣」來看，

「無明」緣「行」，行緣「識」，識緣「名色」；到了第四個階段，第八識帶著過去的無明業力投胎到母親肚子裏，這時胎兒的身體還沒成形，要等業識投胎，和父精母血結合，才有精神（名）和物質（色）的作用，之後慢慢在母親十月懷胎成長後，才會誕生出胎。

八識對於生命，有其三世因果的關係，所謂「欲知前世因，今生受者是；欲知來世果，今生作者是。」我們的生命，只要八識沒有轉染成淨，就會生了又死，死了又生，在無限的時空裏，就如淙淙流水，永不停息。因此唯識宗把第八識比喻為生命的瀑流，像瀑布一樣，前一滴水和後一滴水，本來是各自一滴，但整個瀑流連結在一起，生生世世，前前後後，關係是非常密切的。

因此，如何把第八識從煩惱、生死裏解脫出來，達到不生不死的境界，才是我們學佛的最終目的！誠如朱熹先生說：「問渠哪得清如許？為有源頭活水來。」能夠轉識成智，有了般若智慧，就等於生命裏有了活水，就能妥善經營我們生命裏的每一個因緣。

最後大師結論說：有的人自己本身保守固執，不把生命、心靈跟大地眾生共同活躍起來，宛若一灘死水，無益於世；有的人讀死書，死讀書，都是沒有活用生命，所以讓生命變成了死水；有的人覺得做人難，人難做，這也是因為沒有發掘自己的潛能與專長，所以活水不來，就如同死的生命一樣。所謂「正法以為身，淨慧以為命」，我們唯有把自己的生命和真如佛性契合在一起，證得一個不生不死的生命，才是唯識宗所謂「轉識成智」的一個真我。

由此可見，學佛最主要的目的，就是要讓我們懂得，人生不是只在這個身體上計較，這個房子裏的主人翁——前五識、第六識、第七識，乃至最根本的第八識，都要好好認識它、轉變它，也就是要能「轉識成智」；能夠轉「八識」成「四智」，真如佛性才有現前的一天。

以上只是摘錄大師三天講演的部份內容。大師的演講，不管總論八識、分解八識，或是詮解萬法唯識，從頭到尾都沒有艱澀難懂的名相，大師只是用淺白平易的語言，把原本複雜難解的八識與生命流轉的關係，分析得精闢入裏，條理分明，簡潔扼要，尤其配合故事、譬喻、事例，把八識說得既生動，又好懂，讓人豁然有悟。

「轉識成智」的過程

此外，大師在《佛教叢書》、《佛光教科書》，以及《人間萬事》、《迷悟之間》等著作裏，也用很多篇章在闡述唯識的學說與義理。例如在《佛教叢書》的「教理篇」，大師針對如何「轉識成智」，做了極為簡要而完整的論述。

大師說，人生存在這流轉的世間，不斷地輪迴，不斷地受苦惱所困擾，要從這些煩惱中解脫出來，便要修行，要將第八識的惡種子轉化成善的種子；因為惡的種子會生出惡的行為，善的種子會生出善的行為，所以轉惡的種子為善的種子就是唯識宗所說的「轉識成智」。

大師引《八識規矩頌》與《成唯識論》，說明轉識成智的過程。

一、轉「前五識」為「成所作智」

前五識是指眼、耳、鼻、舌、身等五種了別識。一般人每天無不任由眼睛、耳朵、鼻子、舌頭、身體等五根，對外攀取色、聲、香、味、觸等五種塵境；當根對境產生認識作用的同時，也達到聲色之娛的目的。

對於前五識所緣的外境，唯識學稱為「相分」。當我人尚未轉識成智時，對外境的誘惑往往缺乏自制力，只有隨波逐妄，執幻境為真實，因此起惑造業，輪迴生死，永無休歇。所以吾人要想出離輪迴，必須從「轉識成智」入門。

在《八識規矩頌》第三頌說：「變相觀空唯後得，果中猶自不詮真；圓明初發成無漏，三類分身息苦輪。」「變相」是變有相為無相，轉有念為無念；「觀空」是觀我空、法空；「唯後得」是指「後得智」而言，此智是證得「根本智」後，對境再起分別，如明鏡鑑物，來去無蹤影，不受外物污染，若蓮花之不染淤泥一樣，又名「後分別智」。

前五識因為觸境親緣相分的關係，在「變相觀空」之後，不能和第六識一樣，直緣無相的真如境界，所以在佛果轉識成智時，不屬根本智，而是屬於後得智。

其實嚴格說來，前五識才是生死輪迴的根本，因為第八識含藏的種子，都是透過五根執取、造作之後，再經由第六意識的分別作用，於是有了六道輪迴善惡業種，所以禪門莫不訓示學人要「都攝六根」，以關閉生死之門。

不過，「閉門謝客」畢竟是消極之道，只是治標不治本。根本的辦法，就是要把前五識由有漏轉為無漏。而這個則必須等到第八識初轉為「大圓鏡智」時，前五識才能跟著轉為「成所作智」。

「成所作智」是成就世間的事務所需要的知識或技能，用以應付日常生活的需要，因其了知世事無自性，所以不起執著，入「觀空捨執，執盡真現」的境地。當第八識轉為清淨的那一剎那，前五識也轉為成所作智。此時有漏變為無漏，六道輪迴之苦永息，同時又能顯現三類化身來圓滿「自覺覺他」的大願。

二、轉「第六識」為「妙觀察智」

第六意識的作用，是遍緣「有為」、「無為」一切諸法，生起「思惟」、「了別」的作用。當他與五根俱起時稱「五俱意識」，單獨現起時稱「獨頭意識」。

前五識的認識對象是具體的，有時空性的，屬於「現量」；而第六意識的認識對象是概念、理論或往事，屬抽象且無時空性，其作用較複雜。它可為善，可為惡，亦可為無記，三性都有；在「現量」、「比量」、「非量」三量中，也是三者皆備。當他與五十一個心所法相應而發生作用時，視所緣的境，起心動意，而成業種。

如何將這個會造業的意識轉成清淨的「妙觀察智」，有他一定的過程與次第。在唯識學的修行過程中，要歷經十住、十行、十迴向、十地，乃至證得佛果等四十一階位。這四十一階位，是由資糧、加行、通達而「見道」，入十地位，就是修道的階位。

十地中的初地，名歡喜地，第六意識在進入歡喜地「入心」（通達位的異稱）的階段，「分別我執」雖然已經伏住不起作用，但「俱生我執」還是眠伏在第八識裏面，一直要到第七地「遠行地」之後，俱生我執的現行與種子才完全斷絕。這是因為七地以前，雖以得到「根本智」而能證入無漏的境地，但有漏的習氣種子仍須地地漸除，至第七地斷除修惑之後，才能進入純無漏的「妙觀察智」。

妙觀察智的功用殊勝，善能觀察萬有諸法的差別，善能運用無礙辯才，自在說法，善能覺悟一切有情，利樂一切眾生。諸佛菩薩所以能夠化導有情，可以說完全是藉助於這個智慧的效用。

妙觀察智的業用有三大特點：

1. **圓**：到第八不動地後，第六意識轉成純一清淨的無漏妙觀察智，其體具足一切功德，成為最圓滿的智慧。
2. **明**：八地後的妙觀察智，其體最為光輝燦爛，能明照一切。

3. **淨**：八地後的妙觀察智，其體最為無漏清淨，任何一個染法都不能與之相應。

因此，無漏的妙觀察智就如同中秋夜晚的月亮，體圓明淨，遠離塵垢，照耀大地，格外分明。

在《八識規矩頌》第六頌說：「發起初心歡喜地，俱生猶自現纏眠；遠行地後純無漏，觀察圓明照大千。」妙觀察智能攝觀自心，引生無量功德，觀有情心行差別說法，都能如理如量，方便善巧，而無遺漏，所以能圓滿明淨，普照三千大千世界，說一切法，斷一切疑，度一切眾生皆得利樂。

三、轉「第七識」為「平等性智」

人之所以有自我的意識，覺察到自我的存在，就是由第七識所生出來的一種迷執，包含人生最根本的四大煩惱——我見、我慢、我癡、我愛。

第七識是介於第六意識與第八識之間的一種心識，它的機能是認識以至執取第八識裏的種子為自我。種子一方面是無量數的，另一方面它剎那生滅，毫無間隙，不斷地在變化，第七識卻將種子執為常住不變的自我。

由於第七識恆常的審察思量著第八識，執著一個自私自利的我相，才使有情眾生迷惑顛倒。所以，佛門裏所謂「打佛七」、「打禪七」，就是希望透過念佛、參禪，把「第七識」的我執打掉，我執去除，才能解脫。

所謂「打掉第七識」，其實就是轉為「平等性智」，當第七識轉成「平等性智」，前六識也會轉為清淨。因為第七識染污，前六識也染污，前六識雖行善，亦屬「有漏」，所以必須此識清淨，成為「無漏」，前六識才能成為無漏。

在《八識規矩頌》第九頌說：「極喜初心平等地，無功用行我恆摧；如來現起他受用，十地菩薩所被機。」第七識轉識成智的次序，分別自初地、八地至佛果，做三次轉依。也就是初地——歡喜地：修二空觀，斷分別起二執，阻礙俱生二執的現行。八地——不動地：無相觀相續不斷，俱生我執徹底摧滅。佛果——第十地：常與第七末那識相應的俱生法執，直到此地金剛道，即菩薩修行到達將要成佛時，先起金剛心，由於觀智明利堅強，能斷所知、煩惱二障種習，堅固無上，猶如金剛，法空智果現前，方能達到頓斷俱生二執種子，成為純淨的無漏平等性智。

第七識雖在因中轉成「平等性智」，但要到佛果位始得究竟圓滿。當第七識證入平等性智後，由於自他平等觀念的孕育，故能產生無緣大慈、同體大悲的心境。

四、轉「第八識」為「大圓鏡智」

第八阿賴耶識是宇宙人生的本源，能含藏一切色心諸法種子，變現有漏無漏一切諸法。無始以來，恆常現起，以第七識為所依，以種子、根身、器界為所緣。它是決定眾生生命的整個內涵本質，不會隨著身體的消失而消失，它會一直傳續下去，轉移到另一個新的生命軀體中，展開新的活動，永遠不會停息。

根據第八識的此種特性，因此有諸多譬喻，例如：

1. 如倉庫、保險箱，將我人所造善惡業全部貯藏起來。
2. 如田，田地播什麼種子，就結什麼果。
3. 如念珠的線，將過去、現在、未來貫穿起來。
4. 如火，薪盡火傳，綿延無盡。
5. 如水，蒸發成雨，永不消失。

第八阿賴耶識是吾人生死流轉的根本，當他轉染成淨到達正覺的時候，方得真正的轉智；其轉識所成的智慧，名「大圓鏡智」。

其實真正的轉識成智，主要是在第八識中進行，因為第八識儲藏了一切生命的質素，所以若要轉變，就要在此根源中用工夫，使得那些染污的種子轉化為清淨的種子。

在《八識規矩頌》第十二頌說：「不動地前才捨藏，金剛道後異熟空；大圓無垢同時發，普現十方塵剎中。」這是說明第八識到了八地時才捨「藏識」之名，只存屬於善惡業果位的異熟識和相續執持位的一切種識。到了十地金剛喻定現前時，清淨的第八識俱起，也就是大圓鏡智現起，此智將無漏種子變現為佛果妙境，其變現猶如圓鏡映現萬物，所以稱為大圓鏡智。

以上只是將《佛教叢書》裏的「轉識成智」一文，做部份重點摘錄，旨在說明大師即使引經據典，還是力求簡明易懂，而且務把佛法與生活結合。尤其大師把本文的題目「轉識成智」，特別標為「成佛必備的智慧」，可謂一語中的。因為佛陀成道時，雖然宣告「眾生皆有佛性」，但是如果我們不能「轉識成智」，就無法開顯佛性，就容易為外境所迷。所謂「心迷法華轉，心悟轉法華」，迷悟往往只在我們的一念之間。修學唯識，如果不能體認到這一點，那就真的是「空費草鞋錢」了。

若論佛法，一切現成

為了說明這個道理，大師舉了一則禪宗公案：

話說浙江的法眼文益禪師，往閩南參訪時，行腳途中遇雪，於是暫時借住在地藏院中。因為風雪多日，與院主桂琛禪師相談甚契。雪停後，文益辭別桂琛禪師，擬繼續行腳。桂琛想送法眼一程，兩人走到山門外時，桂琛禪師指著路邊一塊大石頭問道：

「大德常說三界唯心，萬法唯識，不知道這一塊石頭在你心內或心外？」

法眼文益毫不考慮的回答道：

「依唯識學講，心外無法，當然是在心內。」

桂琛禪師抓住了話柄，就問道：

「你不是在行腳雲遊嗎？為什麼要放一塊石頭在心內？」

法眼文益瞠目結舌，無法回答，因此就決定留下來解開這個謎團。

法眼在地藏院中的歲月，每天都向桂琛禪師呈上自己的見解，但桂琛禪師總認為法眼的見解不夠透徹。有一天，桂琛禪師就對他說道：

「佛法不是這樣子的！」

法眼不得已，再從另一個角度報告自己的心得，桂琛禪師仍然否定說：

「佛法不是這樣子的！」

法眼經過多次呈報，均不蒙桂琛印可，只得嘆道：

「我已經詞窮意盡了。」

桂琛禪師聽後，補充一句道：

「若論佛法，一切現成！」

在桂琛禪師「一切現成」的這句言下，法眼文益禪師大悟，後來開創了法眼宗，門徒千餘，得法者八十三人。

大師詮釋道：在佛法裏，所謂馬上長角，頭上安頭，總是多餘的事；「若論佛法，一切現成」，這是多麼美妙的境界。吾人心上的負擔豈止一塊石頭，所謂金錢、名位、愛情、生活等，已經壓得喘不過氣了，另外還有那些是非、得失、榮辱、苦樂等，更是奇重無比。如果明白一切現成，何用勞煩於唯心與唯識？

禪機妙理，言下會意

大師一向擅用禪宗公案，把一些深奧難懂的禪機妙理，透過禪師的對話，最後再經自己詮釋說明，讓人言下會意。這一點讓台灣中央研究院中國文哲研究所趙東明博士深感佩服。

趙博士在《星雲大師唯識論——兼論一些相關的唯識學理論》論文中，不只讚嘆說：「大師以非常活潑生動的故事，將唯識教理與禪話結合，讓人獲得如醍醐灌頂的日常生活智慧，這是筆者覺得星雲大師論述唯識學之慧黠與特色之處。」209.

另外，他還舉出四個「大師對唯識學教理解說特別突出之處」210.，包括：

1. 大師曾以「田地、倉庫、大海、命根」這四種譬喻說明「阿賴耶識」。

2. 大師曾以生動的「照相」譬喻，說明複雜的「四分」說（相分、見分、自證分、證自證分）。

3. 大師以「有」和「非有」二個對反觀念，簡潔清楚的解釋「三性」與「三無性」。

4. 大師對「轉識成智」的說明，簡易的解釋了有關唯識學成佛的修練。

趙博士所舉，正可看出大師通俗說法的功力。大師一生力倡「通俗佛法」，為了把「佛法通俗化」，他在年輕剛走上弘法之路的最初幾年，每次準備講演教材時，常常為了要把艱澀難懂的名相，用生活性的語言表達，或是藉由一則故事、譬喻來詮釋深奧的義理而挖空心思，每每找遍各類書籍，總要花費很多的心思和時間做講前準備，但是儘管如此，他仍不改初衷，因為他覺得「讓人能懂、能實踐、能受益，這才是人間佛教」。[211]

正因為如此，所以大師說法一向不喜歡「以名相解釋名相」，他也不用「消文解字、逐字逐句解釋經文」的方式講經說道；大師開示佛法，善於提綱挈領，總是把整部經或一個佛法義理，經過自己消化融會後，提出大綱，再加以演繹、分析、解說、歸納、綜合，期能讓人全盤認識，掌握要旨，這是大師獨樹一幟的講演方式。

---

209. 〈星雲大師唯識論——兼論一些相關的唯識學理論〉，趙東明博士著。（收錄於《二〇一三星雲大師人間佛教理論實踐研究論文集》）

210. 同上。

211. 《如是說》，星雲大師著。（現存佛光山法堂書記室檔案館）

欲入「唯識」之門，先解佛學「名相」

大師在《佛光教科書‧宗派概論》的「法相宗」一文裏，為了介紹法相唯識的義理思想，只見他把幾個主要的唯識學「名相」，簡潔扼要的加以解釋，從中就能讓人對整個法相唯識學的要義，有了梗概的認識。茲舉如下：

1. **五位百法：**「百法」是萬有的分類。研究唯識學，必須先了解諸法名相，這是進入唯識之門。世親菩薩從無著菩薩學習大乘法相教義後，造《百法明門論》，乃將萬法歸納為五位百法。

2. **種子現行：**百法中，除了無為法以外，其餘的有為諸法，皆從種子生起。第八阿賴耶識含藏著產生「色」、「心」諸法現行的作用，稱為「種子」。當「種子」遇「緣」起「現行」時，就變現而成森羅萬象，因此說阿賴耶識是宇宙的總體、萬有的根源，此稱「阿賴耶緣起」。譬如喜捨心的種子現行時，見貧困者而心生歡喜，行布施，捨財物；看過巴黎鐵塔的相片，再見到實物時，會產生熟悉感。

3. **萬法唯識：**宇宙森羅萬象都是靠第八識——阿賴耶識無始以來所含藏的種子變現出來的。阿賴耶識是一切諸法之所依，他含有清淨的種子，也含有雜染的種子，由於第七末那識不斷的妄執，引發第八識中的雜染種子現行，更由此雜染的種子現行回薰成為新的種子，而造作新的行為，世間的一切因此而層層不斷地變現展開。如果能夠認識一切「唯心所造，唯識所變」，了解一切萬法都是不實在，因而斷除妄執，就可以了生脫死，回歸涅槃清淨之體。

4. **四分說**：唯識學者為論證「唯識無境」的理論，說明主觀精神對於客觀對象的認識作用，提出心所四分說，即相分、見分、自證分、證自證分。所有心的作用，是由相分乃至證自證分四領域成立，且不離心識而存在，強調用心看心的原理。譬如照相，景物為「相分」，相機為「見分」，照相者為「自證分」，照相者調整焦距鏡頭要將景物清晰攝入的作用為「證自證分」。

5. **三性與三無性**：依「有」的觀點而言，一切諸法有三種自性，即遍計所執、依他起、圓成實等三性。依「非有」的觀點而言，「識」有「境」無，故立三無性：相無性、生無性、勝義無性。由以上三性、三無性之說，而立「非有非空」的中道，即三性、三無性具有不即不離的關係。

6. **轉識成智**：修學唯識最終的目標就是「轉識成智」。識，是生死的根本；智，是佛性。一切的境界由於心識的分別作用，而有美醜、好壞、優劣的種種差別。如果我們能夠顯發佛性，泯除心識的虛妄分別，則能如實地了悟世間的實相，不被紛亂動盪、光怪陸離的現象所迷惑。如果我們能善於調伏自己的心識，再痛苦的事，也能逆來順受，甘之如飴。因此，如何轉妄識為智慧，是解脫的重要途徑。

此外，大師曾以種種譬喻來形容「阿賴耶識」，從而讓人認識其功能、特性與重要，從中亦可看出大師對唯識學義理的融會通透。相形之下，一般唯識學者往往只在「阿賴耶識」的異名上鑽牛角尖，強調何時該叫「心」，什麼時候應稱呼「阿陀那」，什麼情況下名為「所知依」、「種子識」，乃至「異熟識」、「無垢識」等，卻往往因此「執指忘月」。

生命的主人翁——阿賴耶識

大師認為，佛法不應該執著於名言假相，佛法重在讓人能懂、能實踐、能受用，所以在《迷悟之間》一書，大師曾以「阿賴耶識」為題，在一千字的短文裏，大師以四個譬喻說明「阿賴耶識」對吾人生死流轉的重要，希望讓人懂得注意身口意三業的淨化，以期轉染成淨、轉識成智。

首先大師談到，人有八識，前七識都有死亡、毀壞的時候，只有第八阿賴耶識的「我」，是吾人的真心本性，他可以隨著我們流轉五趣六道、輪迴天上人間，是永恆而不會消滅的。

阿賴耶識這個「我」的生命，就像念珠的線，把一顆顆的念珠串起來；阿賴耶識把我們一期一期、一階段一階段的生命銜接起來。在三世流轉的生命裏，雖然因為人有「隔陰之迷」，因此不知道前世、來生，但生命的業力流轉，那是絲毫不差的。

接著大師用四個譬喻，傳神而貼切的介紹了「阿賴耶識」的功能與作用：

一、**阿賴耶識像一塊田地：**田地是生長禾苗的地方，你播了什麼種子，他就生長什麼果實。阿賴耶識帶著前六識所造的業，不管善的、惡的，經過第七識傳送給他，他都會一一接受。然後在八識田中隨著業力成長，是善是惡、是幸是不幸，前面的諸識都不管了，只有第八識像一塊田，讓種子發芽，成為果報。

二、阿賴耶識像一個倉庫：倉庫是存放東西的地方，金銀財寶可以存放在倉庫裏，桌椅條凳也可以存放在倉庫裏。阿賴耶識就像倉庫一樣，存放我貪、我執所造作的成果，在這間倉庫裏，都不會被人盜取，也不會爛壞。只要等到時機因緣成熟，他就會顯現報應，那就是我人在人間產生苦樂人生的主因了。

三、阿賴耶識像一片大海：在唯識家看來，阿賴耶識就像大海一樣，河川溪水流到大海，大海不會嫌棄、排拒；即使把骯髒的垃圾丟到大海，也不會污染大海的清潔。就等於人在世間所造作的業力，儘管生命的主體阿賴耶識要去受業報，但業報是有盡的，生命的存在是永恆的。所以人有生死，那是業報的現象；但是真實說來，生命主體的阿賴耶識，生也未曾生，死也未曾死，他永遠與時空同在，與自然共存。

四、阿賴耶識像一條命根：阿賴耶識就是我人生命的主體，這個主體的命根就如木柴燒火，木柴燒了一根再燒一根，一根又一根的木材儘管不同，但生命的火炬會一直延續。這就如同我們在五趣六道裏流轉，儘管張三、李四，豬、馬、牛、羊，生命的形體不一樣，但是生命的火都是一樣的燃燒，所以真正的生命是不死的。

最後大師說：所謂「木有本，水有源」，生命其來有自，並不要神明創造，也不要上天給予，那是自然的循環、自然的業報。所以吾人在世間，只要管好自己的身口意三業，行善做功德，就算這些不是真實的，但是他會影響我們的主人翁阿賴耶識去受報，因此人生的幸與不幸，就看自己的業報了。

境・行・果

佛教有所謂「境、行、果」，「境」是我們觀照、信仰及理解的對象；「行」是由觀境而起信解的修行；「果」就是透過修行而證得的佛果。佛陀成道時宣示眾生皆有佛性，佛性是我們信仰的對象，成佛則是人所嚮往的「境」界；因為人人都有開悟證「果」的性能，因此給了我們學佛修「行」的目標與動力。

換句話說，凡夫眾生雖然一時煩惱迷惑，致使心中本具的佛性無法開顯；但是「煩惱即菩提」，因此只要能「轉識成智」，就能「轉迷為悟」、「轉煩惱為菩提」，而能免於生死輪迴。

生死輪迴的根本，如前所說，嚴格來講應該是前五識。因為第八識含藏的種子，都是透過「眼耳鼻舌身」這五根執取、造作之後，再經由第六意識的分別作用，於是有了六道輪迴的善惡業種。因此大師推動人間佛教，一直都很重視六根的修行；大師主張，「淨土不僅要建設在人間，更要建設在個人身心的淨化上；身心一旦淨化，則佛性自顯，當下就是佛國淨土了。」212. 故而如何淨化六根，是學佛的要務。

大師指導人如何透過「六根修行」來淨化身心。大師說，如果我們的六根時時都能在真善美的境界中，自然不受染污，自然能淨化；而世間上能達到真善美境界的，唯有佛教！佛教不但淨土很美，佛教的真理更美！佛教是一個真善美的宗教，佛教的緣起、中道、平等、和諧，乃至一句阿彌陀佛，都是美。佛教的禪，也是美；禪是智慧、是幽默、是靈巧，禪可以開拓我們的心靈，啟發我們的智慧，引導我們進入更超脫的自由世界，所以禪合乎真善美的條件。佛教講忍，忍是一種認識、負責、擔當、勇敢、力量；在日常生活中，持戒就是忍，工作就是忍；忍也是一種心甘情願，在忍中不覺得苦，不覺得累；忍中具有道德、智慧，忍就是「真善美」，忍可以擴大及提升我們的境界。213.

善說法要，善於轉境

大師一向善於說法，一切事經他說明，都能變成真善美好；在大師的慧眼裏，再平凡的事，都具有無限的佛法意義，都能發人深省，啟人智慧，這就是「轉識成智」。

大師不但善說法要，導人轉迷為悟，其實大師自己更是善於轉化逆境為增上緣。佛教講，世間一切的成就，必須具備四種因緣，即：因緣、等無間緣、所緣緣、增上緣。大師一生的弘法大業，可以說都是從逆境中成就出來的；因為他善於把逆境、挫折轉化為增上緣，成為動力，因此有了今日的人間佛教。

在《百年佛緣》的「佛教叢林學院的發展與成就」一文裏，大師回憶起一九六一年左右，屏東東山寺圓融法師正要辦東山佛學院，他請了道源法師當院長、真華法師為教務主任，同時也邀請大師擔任教師。當時大師正在高雄興建壽山寺，因為高雄和屏東相距不遠，大師覺得每週花個半天、一天前去屏東佛學院授課，並非難事，因此欣然應允。

212.《如是說》，星雲大師著。（現存佛光山法堂書記室檔案館）

213.〈我看生活美學〉，星雲大師著。

豈知數日後，圓融法師很正式的以佛教的禮儀，穿海青、披袈裟向大師頂禮懺悔，原因是道源法師不願意接受大師擔任教師。

大師聽了並沒有生氣，他覺得道源法師身為院長，當然有權利決定請什麼人教書，不過這件事情卻激勵了大師的雄心壯志。大師心想：「你不請我沒有關係，我可以自己來辦佛學院！」因此在一九六五年壽山寺初創不久，條件並不是十分具足的情況下，大師毅然決然創辦了壽山佛學院，後來遷到佛光山，更名為「東方佛教學院」，至今已經屆滿五十年，期間未曾中斷過，因而寫下佛教界辦理佛教學院歷史最悠久的記錄。214.

另外，在《合掌人生》的「飢餓」一文裏，大師談到他一生的歲月，早期由於生活艱難，後來則因弘法忙碌，或因出門在外，飲食不便，因此日子經常是在飢餓、半飢餓中度過。尤其最嚴重的一次，是一九五五年他為東初法師主編《人生雜誌》時，有一天，他把當月出刊的《人生雜誌》送到北投法藏寺。抵達時已是晚間十點多，東初法師看過雜誌後十分歡喜，便好意要他留宿法藏寺。隔天一早，大師發現房門被反鎖，直到九點鐘才有人為他開門。

正當大師準備告假離去，東初法師又說中午要請客，要他留下來幫忙。好不容易等到下午一點多，二桌的客人才姍姍來了十個人左右。大師心想，東初法師陪主桌的客人，自己可以陪另外一桌的人吃飯。沒想到這時東初法師竟對大師說：「你這個孩子，怎麼不到廚房去吃飯？」大師一聽，不禁愕然，原來自己只能到廚房去吃飯！

就這樣，大師走到後面的廚房，看到裏面十分熱鬧，大家正忙著做齋菜。大師在門口張望一下，裏面的人一個也不認識。這種情況下，要開口對他們說「我要吃飯」這句話，大師說他實在說不出口，於是就從邊門悄悄下山了。

大師回憶當時的情景：「印象中，我當天的中飯、早餐都沒吃，前一天的晚餐、中飯也是粒米未進，一直都在忙著雜誌出刊，忙著幫忙請客。到了此刻，全身已經虛脫無力，身體搖搖晃晃，下山時的四百多個台階，就像踩在雲端裏，感覺像是騰雲駕霧一般，也不知道自己是怎樣走下山的。不過我生性沒有想到要怨恨或是怪人，當時心中只有一個念頭：將來我有能力建寺時，我要給人吃飯！」[215.]

果真，多年後大師終於有能力在台北創建「普門寺」；之所以取名「普門」，即意味著「普門大開」。大師希望任何人走進「普門寺」，隨時都可以

---

214. 《百年佛緣•文教篇1》——〈佛教叢林學院的發展與成就〉，星雲大師著。

215. 《合掌人生》——〈飢餓〉，星雲大師著。

吃得到一餐熱熱的飯菜。

大師一生不記仇、不懷恨，凡事總是往好處想；因為大師善於轉化，總是把逆境化為增上緣，因此能成就非凡的弘法事業，這就是「轉識成智」。

心能轉境，不被境轉

「轉識成智」的目的，就是要將凡夫迷執煩惱的根源——妄情妄識，轉化成清淨無垢的圓滿智慧；一旦「轉識成智」，自能化苦為樂，體證唯心淨土、心淨則國土淨的法樂，從而破除自我的偏執，走向通達的生命觀。

大師有感於人生的一切苦樂，都是由心所生起；心能轉樂為苦，心也能轉苦為樂。因此他說：一個人心中如果天天有外境的塵勞罣礙，有人情金錢的壓力，有欲望煩惱的擾人；自己的心裏脆弱，沒有正念，沒有好心，沒有善意，如何能轉境呢？所以吾人要讓世間萬物都能為己所用，自己的心不能隨萬物而轉；只要「心能轉境」，還有什麼苦樂得失不能轉的呢？*216.*

大師遇事善於轉化，因此他說自己一生從來不覺得有壓力、有忙碌、有困難、有委屈、有灰心、有榮辱、有得失、有不平；相反的，他覺得自己有慈悲、有發心、有耐力、有勤勞、有隨緣、有坦誠、有合群、有惜福、有慚愧、有感恩、有明理、有擔當。217.

大師平時所言、所行，都能引導人向上、向善、向真、向美。例如他說，做人要「給人利用才有價值」218.，要「做什麼像什麼」219.，尤其要「爭氣，不要生氣」220.，他認為：「別人對我們不好，是我們成長的養分，不要太在意別人的言談，有人批評、指正、督促，自己才會進步。」221. 甚至他說：「別人欺侮我，我當修行；別人壓迫我，我當增上緣。一切醜陋不好的，我都把他當成是成長的肥料。」222.

216.《迷悟之間》——〈心能轉境〉，星雲大師著。
217.《如是說》，星雲大師著。（現存佛光山法堂書記室檔案館）
218.《往事百語》（四）——〈給人利用才有價值〉，星雲大師著。
219.《往事百語》（三）——〈做什麼要像什麼〉，星雲大師著。
220.《往事百語》（一）——〈要爭氣，不要生氣〉，星雲大師著。
221.《如是說》，星雲大師著。（現存佛光山法堂書記室檔案館）
222. 同上。

大師強調，人的生活在於一個「轉」字，要能轉小為大、轉苦為樂、轉迷為悟、轉邪為正；儘管世間的山河大地，好像是一塊大染布，只要我們的心中有淨水，就能把人間的染污給予漂白；心中能平等，就可以把世間的差別加以擺平；心中有慈悲，就能以世間的萬物為伴侶；心中有智慧，就可以洞察世間的來龍去脈；心中有禪定，就可以安定世間的動亂；心中有菩提力量，自然可以處理世間的憂悲得失。*223.*

因此，大師認為，修行的祕訣就是要能轉一切不好的境界為善美的境界。大師因為善於轉化境界，所以他的思想觀念，乃至他對佛法的闡述，都是積極、正向的。他認為美好正向的思想觀念，是「轉識成智」的第一步，因此他用自己的身行言教，為人間佛教建立了很多美好的觀念，例如：「人生三百歲」、「從善如流」、「與人為善」、「永不退票」、「有情有義」、「心甘情願」、「皆大歡喜」、「老二哲學」、「不比較」、「我是佛」、「你對我錯」、「你大我小」、「你有我無」、「你樂我苦」、「以享有代替擁有」、「錢用了才是自己的」、「忙就是營養」、「忍就是力量」、「結緣總比結怨好」、「給人就是給己」、「歡喜才有功德」、「要知道慚愧」、「要向自己革命」、「認錯要有勇氣」、「學佛要學吃虧」等等，乃至「三好」、「四給」、「五和」的提倡，這些都是人間佛教的重要修行。

大師的人間佛教，其實都是在播種善美淨化的種子，都是在建立積極正向的思想理念，都是在教人如何「轉識成智」、「轉迷為悟」，因此人間佛教是確實能夠讓普羅大眾找到安身立命之處，能夠幫助世人圓滿菩提自性、獲得解脫自在的佛教。所以綜觀人間佛教的星雲學說，不但重在體現佛陀的般若智慧，更祈幫助眾生圓滿生命。

223.《迷悟之間》——〈心能轉境〉，星雲大師著。

結論——人間佛教的生命教育

翻開歷史的扉頁，在人類文明發展的歷史長河裏，每個時代都有許多偉大的思想家、哲學家，乃至心理學家、社會學家、人類學家等，他們提出許多震古鑠今的學說、理論，啟發了人類的思想智慧，豐富了人類的心靈世界；甚至還有不少傑出的科學家、天文學家、物理學家，他們發現各種自然法則、物理定律、科學原理等，解開大自然宇宙天體運行的奧秘，說明時序季節循環的規則，不但增長了人類的知識見聞，開拓了人類的視野眼界，同時帶動了科技的發展，促進了時代的進步，大大改變了世界文明的進程。

但是不可諱言的，古往今來再多偉大的發現與發明，再多精闢的學說與理論，雖然激發了人類的思想智慧，促進了人類的物質文明，大大改善了人類的生活條件，提昇了人類的生活品質，可是一旦面對自己切身的問題，也就是「生從何來，死往何去」的生死之謎，以及生命的本質為何？生命的意義、價值何在等重要的人生課題時，卻始終茫然不解，無從探索。

生命究竟為何？

在中國被一直尊奉為「至聖先師、萬世師表」的偉大教育家孔子，臨終前曾經對弟子說：他一生為了讓大道行於天下，努力求諸仁義，探究天意，可惜他並不懂「生命」這兩個字；直到生命最後一刻才忽然有所悟，原來「道自本性，天即運命」。他發現世間所有的道理，都在生命之中，可是過去不懂這個道理，因此自覺行事有所扭曲，自感一生到頭一事無成；直到最後一刻雖然有所悟，可惜時間不夠了，他遺憾自己無法看到大道行於天下，所以無限感慨的說：「人拗不過的，就是自己的生命。」

孔子是一個偉大的思想家，二千多年來中國文化一直以他的學說為主流思想，可以說影響了幾個世代的人，然而他卻直到臨終前才對生命有所領悟，可見生命不是一個容易懂得的課題。

另外，二十世紀最負盛名的英國政治家邱吉爾，他曾出任英國首相，並且兼任三軍統帥，在反法西斯戰爭中領導英國取得最後勝利，成為戰後主導世界格局的重要人物之一。

這麼一位咤吒風雲的歷史人物，當他晚年從國會退休後，忽然感覺生命失

去了重心，日子過得並不如意。後來美國為表彰他的成就與貢獻，頒發給他「榮譽公民」的榮銜，他在致詞時回顧自己一生走過的路，忍不住慨嘆說：「我一生曾經取得過很多成就，但到頭來卻是一場空。」

「人生就像一場夢，夢醒一場空」，這是多數人的人生感觸，因此不只是邱吉爾，很多人都跟他一樣，不管自己一生成就再多、再大，到最後獨自面對自己、面對生命時，難免悵然若失，不知道生命所為何來？不知道生命的意義、價值何在？

生命是彼此相互關係的存在

生命到底是什麼？生命究竟「生從何來、死往何去」？這個困惑人類已久的千古謎題，確實不容易解答。不過早在二千多年前，佛陀開悟成道，他所證悟的「緣起」，其實已經明白告訴我們，生命是彼此相互關係的存在。佛陀不但以「十二因緣」說明生命的由來與三世輪迴的關係，幫助我們解答「生從何來，死往何去」的生命之謎；佛教的「三法印」、「四聖諦」、「八正道」，乃至「緣起」、「中道」、「業力」、「空性」等真理，都能幫助我們認識生命的本質，了解生命的意義，創造生命的價值，活出生命的希望。

尤其，佛陀成道時發表「眾生皆有佛性」的宣言，就是告訴我們，生命是我們的真心本性，也就是我們的佛性；因為人人都有佛性，佛性在聖不增、在凡不減，所以真正的生命是不死的。

依據佛陀的「聖言量」，人間佛教的星雲學說因此以「佛性平等」為立論的根本思想，主要就是在告訴我們生命的真相；真正的生命是不死的，我們要相「信」自己本自具足佛性，要肯定人人都有一個不死的生命。

只是「佛性」雖然人人本具，卻因為被「煩惱」所覆，就像「烏雲蔽日」，因此無法顯現光明。我們如何才能拂去烏雲般的煩惱，讓佛性之光破雲而出？唯有覺者佛陀所證悟的真理，才能幫助我們解開無明的煩惱迷惑。因此，相信人人都有佛性，建立佛性平等的思想之外，還要進一步體「解」佛法真理，也就是要從「緣起性空」、「空有一如」的真理去認識生命的本體，透過「緣起中道」的般若智慧洞徹諸性實相，才不致於被緣起而有的世間假相所迷惑，才能解脫煩惱的束縛。

但是，佛法儘管再好、再妙，道理儘管懂得再多、再透徹，如果不能落實到生活裏，實際發揮功用，讓人獲得實益，一切都是徒然。因此，理解「緣起中道」的真理之後，接著就要從生活中去力「行」實踐佛法，也就是要把佛陀所開示的「慈悲喜捨、惜福結緣、慚愧感恩、發心立願」，乃至「布施、持戒、忍辱、精進、禪定、智慧、利行、愛語」等六度萬行，落實在生活中，一者自利，同時利人。

因為「學佛修行」，不僅要「學佛所學」，尤其要「行佛所行」。佛陀在因地修行時，不惜「割肉餵鷹，捨身飼虎」，佛陀成道後說法四十九年，走遍五印度到處行腳弘化，目的都是為了「示教利喜」，都是為了「但願眾生得離苦，不為自己求安樂」。

因此，學佛除了要「自覺」自悟，同時要「行佛」利人，例如在日常生活中奉行「三好四給」，以「身做好事，口說好話，心存好念」來淨化三業，以「給人信心、給人歡喜、給人希望、給人方便」來服務奉獻；透過「自覺行佛」的生活實踐，不但培福修慧、自利利人，尤其能把我們八識田中累劫以來被無明煩惱所染污的業識種子慢慢淨化；當我們漸次「轉染成淨」、「轉迷為悟」，有朝一日徹底「轉識成智」時，就能找回自己的本來面目，「證」得自己的真心本性而見性成佛，這就是生命的究竟圓滿，這也是人間佛教最終的目標。

由此說明，人間佛教的星雲學說，是乃建構在「信解行證」的修行次第下，不但有嚴謹的思想體系，並有具體可行的實踐之道，同時更有明確可證的宗旨目標。

從生活中建構「人間佛教的藍圖」

最後所要強調的是，大師一生孜孜矻矻致力於人間佛教的弘揚，就是為了把佛法落實在人間生活裏，希望人人在「生活」中運用佛法，透過佛法之用來超越「生死」的現相，進而圓滿「生命」的本體，所以人間佛教是擁抱生命的佛教，是解決生死的佛教，是落實生活的佛教。

人間佛教沒有離開生活，沒有脫離人群，也沒有放棄家庭，更沒有否定感情、財富、眷屬等，因為人在世間不能沒有生活，生活則離不開家庭眷屬、離不開社會人群的互動往來，尤其離不開衣食住行等各種資生物用的營求。乃至在精神生活方面，要有藝術、娛樂、感情、道德、信仰等生活；甚至對家庭的義務，對國家社會的責任，對世界人類的關懷等等，這些都是世俗生活中不可或缺的要素，而個人生命的意義與價值，往往也就從中得以實現與提昇。

只不過同樣的生活，有的人不善於處理，因此不但不能活出生命的意義，反而成為引發煩惱的根源，所以過去一般小乘行者莫不主張遠離人群，要過閉關自修的生活，以求自我了生脫死。然而「佛法在世間，不離世間覺」，離開人群，哪裏有佛法可修？離開煩惱，哪裏有菩提可證？因此大師弘揚人間佛教，就是感於人不能沒有生活，而生活需要有佛法來指導。

佛法是人生的指南，不只日常生活中，舉凡財物資用、家庭人倫、社群關係、娛樂休閒，乃至養兒育女、侍親奉老、立身處世、工作創業等，都需要有佛法的指導；尤其人生最後面對「生死」交關的重要時刻，更需要有佛法的智慧來超脫、圓滿。

為了把佛法確實落實在人間生活裏，大師因此於二〇〇一年在《普門學報》上發表一篇「人間佛教的藍圖」。在這篇論文裏，大師從居家之道、理財之道、情愛之道、群我之道、立身之道、信仰之道、生死之道、環保之道、參政之道等二十個議題，一一指出人間生活的方向，詳實勾勒出人間淨土的藍圖。

首先在居家生活方面，大師指出：家庭是每個人的生活重心，孝順則是人倫之始，是倫理道德實踐的根本，所以在家庭的人倫眷屬關係當中，佛教首重孝道的提倡。大師舉出佛教的孝道思想，不僅在於生養死葬，光宗耀祖，尤其要導親脫苦，這才是大孝。

大師破斥了過去一般人以為佛教僧侶披剃出家，割愛辭親，是乃不孝之說的迷思，他並且呼應儒家「老有所終、壯有所用、幼有所長，鰥寡孤獨廢疾者皆有所養」的主張，提出今日人間佛教的居家之道，應該要用智慧來處理人倫之間的感情，要用佛法來淨化、美化、弘化、佛化家庭生活。對於老中青幼等份子，彼此之間要互相愛敬、慈孝、教育、規勸，因為家人之間是一種連鎖關係，父母子女等眷屬就像鎖鏈一樣的環環相扣，絕不可分割，人人盡其在我，相敬相愛，個個身心健全，融洽和諧，家庭才有歡笑，家庭倫理必然和樂美滿。

家庭和樂固然是人生莫大的幸福，但是民以食為天，人要存活就要吃飯，甚至行住坐臥樣樣都離不開金錢財物，所以人間佛教也不能不重視現實的理財之道。談到理財，大師開宗明義說：人生在世，必須要有正當的事業，透過勤奮經營，使得衣食豐足，生活安定，然後才能從事種種的善事，此即所謂「衣食足，然後禮樂興」。

大師不贊同過去佛教行者多數不重視財富而重清修，總認為簡樸才是修行，淡泊才是有道。對此大師認為，佛教不能過分倡導貧苦思想，因為樸素淡泊用來自我要求是道德，用來要求別人則為苛刻。

大師進一步以《阿彌陀經》的極樂世界都是「黃金鋪地，宮殿樓閣皆為七寶所成，極盡莊嚴堂皇；菩薩莫不寶冠頂戴，瓔珞披身，富貴無比」，說明修學佛法不一定要以窮苦為清高，佛教對在家信眾其實是鼓勵他們可以追求榮華富貴，可以營生聚財的，只不過這一切都必須合乎正道，也就是要合乎八正道的正業與正命。

大師尤其主張，佛教不但重視一時的財富，更重視永久的財富；不但重視現世的財富，更重視來生的財富。佛教不但重視狹義的金錢財富，尤其重視廣義的精神財富，例如：健康、智慧、人緣、能力、信用、口才、聲望、名譽、成就、歷史、人格、道德等，這些無形的財富比之有形的財富更好。

最後大師總結，佛教對錢財的看法是「非善非惡」，佛教並不完全否定錢財；黃金可能是毒蛇，黃金也可以成為弘法修道的資糧，只要能善用金錢來弘法利生，其功德比裝窮學道更大，更有意義，更有智慧。因此大師呼籲：人間佛教應該重新估定財富的價值，只要是合於正業、正命的淨財，應是多多益

善；只要能對國家民生、對社會大眾、對經濟利益、對幸福快樂生活有所增益的事業，諸如農場、工廠、公司、銀行等，佛教徒都應該去做。因為有錢並不可恥。

另外，人不能離群索居，人在世間生活少不得與人互動往來，因此針對人際之間的群我之道，大師透過「因緣法」說明，世間的一切，都是彼此相關、互為一體的，都是在因緣和合下相互存在，每一個人都只是世間的一半，甚至是三分之一；「我」以外還有一個「你」，你以外還有一個「他」，你我他之外，還有周遭接觸的各種人等。而人際之間所以會有紛爭、不平，就是因為「你、我」的關係不協調，因此要想獲得和諧融洽的人際關係，唯有把「你」當作「我」，你我一體，你我不二，能夠將心比心，彼此互換立場，才是和諧群我關係的相處之道。

除此之外，其他的醫療之道、立身之道、進修之道、信仰之道、環保之道、參政之道等，大師都從佛教對生命的終極關懷出發，針對人性與生活的需要，提出具體而中肯的意見和指導，讓人真切感受到佛法與人生是息息相關的，人間佛教是佛法與生活融和不二的。

「人間佛教」直承佛陀本懷；「星雲學說」落實理論於實踐

事實上，佛教本來就是人間的佛教，是生活的佛教，「人間佛教」也就是佛陀的本懷。只是過去大家談論的，大都只有原始佛教、根本佛教、大乘佛教、小乘佛教、南傳佛教、北傳佛教、藏傳佛教，乃至顯教、密教等，就是鮮少聽到有人談說「人間佛教」；其間或有太虛大師提出「人生佛教」，但因缺少實踐性，最後終究難以發揮既定的影響力。

後來星雲大師在台灣揭櫫以提倡人間佛教為弘法的目標，一開始不但沒有人附和，甚至還備受同道的排擠、打壓。然而大師肯定「人間佛教」就是佛陀的佛教，佛陀出生在人間、出家在人間、成道在人間，佛陀以人為說法的對象，佛教非為人間的佛教而何？

因為人間佛教是佛陀對人而說的，所以大師主張，人間佛教是以人為本的宗教，不唯十方諸佛皆在人間成道、度眾，所有高僧大德也都是在人間修行、弘法；人間佛教的慈悲、空性、緣起、中道、業力、真如等，是乃一切眾生的光明和指南。因此，多年來大師對人間佛教的推動，可以說自始自終，未嘗改變，或有一日稍懈。

尤其，大師為了建立人間佛教的思想體系，一生筆耕不輟，著作等身。雖然過去有人質疑，認為人間佛教只重實踐，缺乏理論，但其實理論與實踐是不能分割的。理論可以透過「言詮」，也可以藉由力行「實踐」來表述；反而是在實踐過程中，如果沒有正確的思想理論為依據，往往會偏離、走樣。今日人間佛教不斷傳播善美的價值與觀念，引領著世道人心往積極、正向的光明面發展，對社會的和諧與繁榮、對人心的淨化與安頓，貢獻良多，因此受到舉世大眾的肯定和重視，這就表示人間佛教沒有偏離「佛說的」根本佛法，因為如果人間佛教沒有依循佛陀的教法、思想去實踐，結果又怎麼能如此備受尊崇和重視呢？

由此可見，人間佛教是融理論與實踐為一體的，人間佛教既直承佛陀本懷，是佛陀一脈相承的教法；人間佛教更順應人情、人性，是合乎人生所需要的佛教。人間佛教對當代社會的影響與貢獻，已是不容置疑的事實，故而值此舉世爭相研究人間佛教，已然蔚為風潮之際，本書只就星雲大師如何結合理論與實踐，如何落實理論於實踐，如何從實踐理論中建構「人間佛教星雲學說」，略作論述。當然，學說是廣大無邊的，今後必有更多人一起來參與人間佛教的建設，繼續不斷的提起、發展，讓人間佛教未來更臻完整，更契合人心。

【附錄】

星雲大師　繁體中文著作一覽表

第一時期：1953—1957年（26—30歲）

・《觀世音菩薩普門品講話》／作者：森下大圓／譯者：星雲大師
・《無聲息的歌唱》／一九五九年後，由佛光出版社出版
・《佛教的財富觀》／佛教文摘讀者印經會出版社
・《玉琳國師》／一九五九年後，由佛光出版社出版
・《釋迦牟尼佛傳》／一九五九年後，由佛光出版社出版

第二時期：1958—1967年（31—40歲）

・《十大弟子傳》／佛教文化服務處出版
・《八大人覺經十講》／佛教文化服務處出版
・《海天遊踪》／佛教文化服務處出版
・《覺世論叢》／佛光出版社
・《海天遊踪》／佛光出版社（再版）

第三時期：1978—1987年（51—60歲）

‧《星雲大師講演集（一）至（四）》／佛光出版社

‧《佛光山印度朝聖專輯》／佛光出版社

‧《十大弟子傳》（新版）／佛光出版社

‧《佛光圖影——佛光山做了些什麼？》／佛光出版社

‧《星雲禪話（一）至（四）》／佛光出版社

第四時期：1988—1997年（61—70歲）

‧《星雲禪話》／台視文化公司

‧《每日一偈（第一集）至（第四集）》／台視文化公司

‧《佛光普照》／福建莆田廣化寺印

‧《禪與人生：星雲大師講演選》／江蘇古籍出版社

‧《話緣錄（一）至（二）》／巨龍文化

‧《星雲法語》／華視文化公司

‧《清淨琉璃、夢琉璃、因緣琉璃、琉璃禪、情愛琉璃、紅塵琉璃、大千琉璃、七色琉璃、喜樂琉璃、慈悲琉璃：星雲大師講演集1至10》／希代書版

‧《星雲大師開示語》（一）至（二）／圓神出版社（曹又方編）

‧《星雲說偈（一）至（二）》／佛光出版社

・《星雲百語》（選錄）／佛光山宗委會
・《星雲禪話（第一集）至（第二集）》／吳修齊印贈
・《星雲法語》（一至二冊）／佛光出版社
・《星雲禪話（第一輯）至（第四輯）》／聯經出版
・《星雲百語（一）心甘情願（二）皆大歡喜（三）老二哲學》／佛光出版社
・《真心不昧》《提起放下》《剎那不離》《雲水隨緣》／皇冠文學出版
・《紅塵道場》／映象文化
・《星雲日記1：安然自在》／佛光出版社
・《星雲日記2：創造全面的人生》／佛光出版社
・《星雲日記3：不負西來意》／佛光出版社
・《星雲日記4：凡事超然》／佛光出版社
・《星雲日記5：人忙心不忙》／佛光出版社
・《星雲日記6：不請之友》／佛光出版社
・《星雲日記7：找出內心平衡點》／佛光出版社
・《星雲日記8：慈悲不是定點》／佛光出版社
・《星雲日記9：觀心自在》／佛光出版社
・《星雲日記10：勤耕心田》／佛光出版社
・《星雲日記11：菩薩情懷》／佛光出版社
・《星雲日記12：處處無家處處家》／佛光出版社
・《星雲日記13：法無定法》／佛光出版社

・《星雲日記14：說忙說閒》／佛光出版社
・《星雲日記15：緣滿人間》／佛光出版社
・《星雲日記16：禪的妙用》／佛光出版社
・《星雲日記17：不二法門》／佛光出版社
・《星雲日記18：把心找回來》／佛光出版社
・《星雲日記19：談心接心》／佛光出版社
・《星雲日記20：談空說有》／佛光出版社
・《星雲日記21：慈悲是寶藏》／佛光文化
・《星雲日記22：打開心門》／佛光文化
・《星雲日記23：有願必成》／佛光文化
・《星雲日記24：收支平衡的人生》／佛光文化
・《星雲日記25：感動的修行》／佛光文化
・《星雲日記26：把握因緣》／佛光文化
・《星雲日記27：真修行》／佛光文化
・《星雲日記28：自在人生》／佛光文化
・《星雲日記29：生活禪》／佛光文化
・《星雲日記30：人生的馬拉松》／佛光文化
・《星雲日記31：守心轉境》／佛光文化
・《星雲日記32：求人不如求己》／佛光文化
・《星雲日記33：享受空無》／佛光文化

・《星雲日記34：領眾之道》／佛光文化
・《星雲日記35：說話的藝術》／佛光文化
・《星雲日記36：學徒性格》／佛光文化
・《星雲日記37：善聽》／佛光文化
・《星雲日記38：低下頭》／佛光文化
・《星雲日記39：忙中修福慧》／佛光文化
・《星雲日記40：神通妙用》／佛光文化
・《星雲日記41：生死一如》／佛光文化
・《星雲日記42：檢查心念》／佛光文化
・《星雲日記43：隨喜功德》／佛光文化
・《星雲日記44：放光》／佛光文化
・《歡喜人間：星雲日記精華本（上冊）（下冊）》／天下文化
・《人間好時節》／音樂中國出版社（盒裝附卡帶）
・《佛光緣・人間佛教》／佛光出版社
・《星雲大師談人生》／皇冠文學出版
・《觀世音菩薩普門品講話》二版／佛光文化（作者：森下大圓／譯者：星雲大師）
・《石頭路滑——星雲禪話（一）》／佛光文化（改版）
・《沒時間老——星雲禪話（二）》／佛光文化（改版）
・《星雲大師法語——菁華》／聯經出版（禪如整理）
・《禪話禪畫》／佛光文化（高爾泰、蒲小雨繪）

・《八大人覺經十講》／佛教青年協會印
・《佛光世界（一）國際佛光會總會長的話》／佛光文化
・《有情有義——星雲回憶錄》／圓神出版社
・《一池落花兩樣情》／時報文化
・《八識講話》／佛光山宗務委員會
・《金剛經講話》／佛光文化
・《金剛經講話》／香海文化
・《星雲大師佛學精選》／明河社出版（香港）
・《佛光菜根譚》／佛光文化
・《佛光菜根譚：慈悲智慧忍耐》／佛光文化
・《佛光菜根譚：做人處事結緣》／佛光文化
・《佛光菜根譚：勵志修行證悟》／佛光文化
・《佛光菜根譚：貪瞋感情是非》／佛光文化
・《佛光菜根譚：社會人群政治》／佛光文化
・《佛光菜根譚：教育教理教用》／佛光文化
・《佛光菜根譚（一）至（四）》／香海文化
・《佛光菜根譚》／平安文化
・《禪詩偈語》／台視文化
・《星雲大師慧心法語》／九歌出版（星雲大師講述／禪如整理）
・《生命的田園（一九九九年）》／暢通文化出版（日曆書）
・《佛光菜根譚》／佛光文化（再版）

第五時期：1998—2007年（71—80歲）

・《星雲法師說禪》／台視文化
・《星雲法師解禪》／台視文化
・《修剪生命的荒蕪》／時報文化
・《中國佛教禪修入門》／智慧出版社
・《往事百語》／佛光文化
・《往事百語（一）心甘情願》／佛光文化
・《往事百語（二）老二哲學》／佛光文化
・《往事百語（三）皆大歡喜》／佛光文化
・《往事百語（四）一半一半》／佛光文化
・《往事百語（五）永不退票》／佛光文化
・《往事百語（六）有情有義》／佛光文化
・《圓滿人生——星雲法語（一）》／佛光文化
・《成功人生——星雲法語（二）》／佛光文化
・《多少自在（一）至（二）》／香海文化（筆記書）
・《天光雲影》／佛光文化（筆記書）
・《佛光祈願文（上冊）：家庭倫理・勉勵期許》／香海文化
・《佛光祈願文（下冊）：社會職業・佛教法會》／香海文化
・《千江映月：星雲說偈（一）、《廬山煙雨：星雲說偈（二）》／佛光文化
・《六祖壇經講話》一套四冊／香海文化

・《迷悟之間（一）至（六）》／香海文化
・《當代人心的思潮》／佛光山澳洲南天寺
・《佛光祈願文（上冊）（下冊）——諦聽祈願的聲音》／香海文化（袖珍版）
・《星雲大師談讀書》／天下文化出版
・《星雲大師談處世》／天下文化出版
・《星雲大師談幸福》／天下文化出版
・《星雲大師談智慧》／天下文化出版
・《星雲與你談心》／印刻出版（星雲口述／鄭羽書筆記）
・《生命的點金石》（中英對照）／香海文化
・《與大師心靈對話》／圓神出版社
・《佛光菜根譚》（筆記書）
・《迷悟之間》（電子版）／香海文化
・《迷悟之間（一）真理的價值》／香海文化
・《迷悟之間（二）度一切苦厄》／香海文化
・《迷悟之間（三）無常的真理》／香海文化
・《迷悟之間（四）生命的密碼》／香海文化
・《迷悟之間（五）人生加油站》／香海文化
・《迷悟之間（六）和自己競賽》／香海文化
・《迷悟之間（七）生活的情趣》／香海文化
・《迷悟之間（八）福報哪裏來》／香海文化

・《迷悟之間（九）高處不勝寒》／香海文化
・《迷悟之間（十）管理三部曲》／香海文化
・《迷悟之間（十一）成功的理念》／香海文化
・《迷悟之間（十二）生活的層次》／香海文化
・《佛光菜根譚1：寶典》（中英對照）／香海文化
・《佛光菜根譚2：自在》（中英對照）／香海文化
・《佛光菜根譚3：人和》（中英對照）／香海文化
・《佛光菜根譚4：生活》（中英對照）／香海文化
・《佛光菜根譚5：啟示》（中英對照）／香海文化
・《佛光菜根譚6：教育》（中英對照）／香海文化
・《佛光菜根譚7：修行》（中英對照）／香海文化
・《佛光菜根譚8：勵志》（中英對照）／香海文化
・《自覺與行佛》／國際佛光會中華總會（佛光讀書會叢書）
・《禪門語錄》／佛光出版社
・《覺有情：星雲大師墨跡》（中英對照）／佛光山文教基金會
・《迷悟之間》**PDA**版／佛光山文教基金會
・《佛光教科書》電子版／佛光山文教基金會
・《人間佛教系列（一）：佛光與教團》（佛光篇）／香海文化
・《人間佛教系列（二）：人生與社會》（社會篇）／香海文化
・《人間佛教系列（三）：佛教與生活》（生活篇）／香海文化

・《人間佛教系列（四）：佛教與青年》（青年篇）／香海文化
・《人間佛教系列（五）：人間與實踐》（慧解篇）／香海文化
・《人間佛教系列（六）：學佛與求法》（求法篇）／香海文化
・《人間佛教系列（七）：佛法與義理》（義理篇）／香海文化
・《人間佛教系列（八）：緣起與還滅》（生死篇）／香海文化
・《人間佛教系列（九）：禪宗與淨土》（禪淨篇）／香海文化
・《人間佛教系列（十）：宗教與體驗》（修證篇）／香海文化
・《人間佛教系列》PC電子版／香海文化
・《當代人心思潮》／香海文化
・《人間佛教的戒定慧（上）（中）（下）：星雲大師講於紅磡香港體育館》／國際佛光會香港協會
・《當代人心思潮》（中英對照）／香海文化
・《佛光菜根譚（第一冊）三際融通》珍藏版／香海文化
・《佛光菜根譚（第二冊）十方圓滿》珍藏版／香海文化
・《佛光菜根譚（第三冊）大地清香》珍藏版／香海文化
・《佛光菜根譚（第四冊）人間有味》珍藏版／香海文化
・《禪話禪畫》（再版）／佛光文化（高爾泰、蒲小雨繪）
・《觀世音菩薩普門品講話》三版／佛光文化（作者：森下大圓／譯者：星雲大師）
・《星雲法語（一）修行在人間》／香海文化
・《星雲法語（二）生活的佛教》／香海文化

．《星雲法語（三）身心的安住》／香海文化
．《星雲法語（四）如何度難關》／香海文化
．《星雲法語（五）人間有花香》／香海文化
．《星雲法語（六）做人四原則》／香海文化
．《星雲法語（七）人生的錦囊》／香海文化
．《星雲法語（八）成功的條件》／香海文化
．《星雲法語（九）挺胸的意味》／香海文化
．《星雲法語（十）歡喜滿人間》／香海文化
．《人間佛教的戒定慧》／香海文化
．《六祖壇經講話》電子版／香海文化

第六時期：2008—2015年（81—88歲）

．《人間佛教叢書（第一集）：人間佛教論文集（上下冊）》／香海文化
．《人間佛教叢書（第二集）：人間佛教當代問題座談會（上中下冊）》／香海文化
．《人間佛教叢書（第三集）：人間佛教語錄（上中下冊）》／香海文化
．《人間佛教叢書（第四集）：人間佛教書信選》／香海文化
．《人間佛教叢書（第四集）：人間佛教序文選》／香海文化
．《合掌人生》／講義堂出版

・《當大亨遇上大師：星雲大師改變生命的八堂課》／麥田出版（星雲大師、劉長樂合著）
・《人間萬事（一）成就的條件》／香海文化
・《人間萬事（二）無形的可貴》／香海文化
・《人間萬事（三）豁達的人生》／香海文化
・《人間萬事（四）另類的藝術》／香海文化
・《人間萬事（五）向自己宣戰》／香海文化
・《人間萬事（六）前途在哪裏》／香海文化
・《人間萬事（七）一步一腳印》／香海文化
・《人間萬事（八）人間的能源》／香海文化
・《人間萬事（九）往好處去想》／香海文化
・《人間萬事（十）怎樣活下去》／香海文化
・《人間萬事（十一）生命的擁有》／香海文化
・《人間萬事（十二）悟者的心境》／香海文化
・《人間萬事》電子版／香海文化
・《繪本心經》／格林文化（圖／朱里安諾）（中英對照）
・《星雲大師一筆字書法（一）至（十四）》／佛光緣美術館總部
・《般若心經的生活觀》／有鹿文化
・《釋迦牟尼佛傳漫畫版（上）（下）》／佛光文化（林鉅晴編繪）
・《無聲息的歌唱》／香海文化（改版）
・《環保與心保》／國際佛光會世界總會

・《成就的祕訣——金剛經》／有鹿文化
・《星雲四書（一）：星雲大師談讀書》／天下遠見出版
・《星雲四書（二）：星雲大師談處世》／天下遠見出版
・《星雲四書（三）：星雲大師談幸福》／天下遠見出版
・《星雲四書（四）：星雲大師談智慧》／天下遠見出版
・《合掌人生（一）在南京，我是母親的聽眾》／香海文化
・《合掌人生（二）關鍵時刻》／香海文化
・《合掌人生（三）一筆字的因緣》／香海文化
・《合掌人生（四）飢餓》／香海文化
・《雲水天下——星雲大師一筆字書法》（特輯）／國立歷史博物館出版
・《雲水天下——星雲大師一筆字書法》（特輯）／佛光緣美術館總部
・《人海慈航：怎樣知道有觀世音菩薩》／有鹿文化
・《往事百語（一）》有佛法就有辦法／香海文化（附CD）
・《往事百語（二）》這是勇者的世界／香海文化（附CD）
・《往事百語（三）》滿樹桃花一棵根／香海文化（附CD）
・《往事百語（四）》沒有待遇的工作／香海文化（附CD）
・《往事百語（五）》有理想才有實踐／香海文化（附CD）
・《美滿因緣》／國際佛光會中華總會
・《僧事百講（第一冊）叢林制度》／佛光文化（全冊附電子光碟）
・《僧事百講（第二冊）出家戒法》／佛光文化

‧《僧事百講（第三冊）道場行事》／佛光文化
‧《僧事百講（第四冊）集會共修》／佛光文化
‧《僧事百講（第五冊）組織管理》／佛光文化
‧《僧事百講（第六冊）佛教推展》／佛光文化
‧《人間佛教何處尋》／天下遠見出版
‧《百年佛緣（一）行佛之間》／國史館
‧《百年佛緣（二）社緣之間》／國史館
‧《百年佛緣（三）文教之間》／國史館
‧《百年佛緣（四）僧信之間》／國史館
‧《佛光山開山故事：荒山化為寶殿的傳奇》／佛光文化
‧《人間佛教法要》國際佛光會世界大會主題演說（1992～2012）／國際佛光會世界總會發行
‧《十種幸福之道——佛說妙慧童女經》／有鹿文化
‧《星雲大師一筆字書法》／財團法人佛光山文教基金會
‧《百年佛緣01：生活篇一》（增訂版）／佛光出版社
‧《百年佛緣02：生活篇二》（增訂版）／佛光出版社
‧《百年佛緣03：社緣篇一》（增訂版）／佛光出版社
‧《百年佛緣04：社緣篇二》（增訂版）／佛光出版社
‧《百年佛緣05：文教篇一》（增訂版）／佛光出版社
‧《百年佛緣06：文教篇二》（增訂版）／佛光出版社
‧《百年佛緣07：僧信篇一》（增訂版）／佛光出版社

- 《百年佛緣08：僧信篇二》（增訂版）／佛光出版社
- 《百年佛緣09：道場篇一》（增訂版）／佛光出版社
- 《百年佛緣10：道場篇二》（增訂版）／佛光出版社
- 《百年佛緣11：行佛篇一》（增訂版）／佛光出版社
- 《百年佛緣12：行佛篇二》（增訂版）／佛光出版社
- 《百年佛緣13：新春告白一》（增訂版）／佛光出版社
- 《百年佛緣14：新春告白二》（增訂版）／佛光出版社
- 《百年佛緣15：別冊》（增訂版）／佛光出版社
- 《百年佛緣16：名家看百年佛緣》（增訂版）／佛光出版社
- 《人間佛教的發展》／佛光文化
- 《人間佛教的戒定慧》／佛光文化（再版）
- 《星雲禪話1.點亮心燈》／香海文化（十冊套書）
- 《星雲禪話2.到處是路》／香海文化
- 《星雲禪話3.隨心自在》／香海文化
- 《星雲禪話4.活的快樂》／香海文化
- 《星雲禪話5.真心不變》／香海文化
- 《星雲禪話6.一切現成》／香海文化
- 《星雲禪話7.百味具足》／香海文化
- 《星雲禪話8.養深積厚》／香海文化
- 《星雲禪話9.即心即佛》／香海文化

・《星雲禪話10.禪即生活》／香海文化

・《詩歌人生》／天下文化

・《「貧僧」有話十二說：貧僧兩岸往來記》／香海文化（小叢書）

早期其他書籍、教材（沒有出版日）

・《寫給會員大眾的二十封信》／佛光出版社

・《怎樣做個佛光人》／佛光出版社

・《六祖大師法寶壇經》（星雲大師修訂）／佛光出版社

・《大乘妙法蓮華經：星雲大師佛經講座教材》／佛光出版社（佛光山台北別院普門寺印行）

・《阿含經選講》（一）至（二）／佛光出版社（國際佛光會中華總會）

・《大專佛學教材：佛光山大專佛學夏令營第二期》

・《無怨無悔》淨心叢書／財團法人淨心文教基金會・印經組倡印

編纂・總監修・審訂・總策劃

1978—1987年（51—60歲）

・《佛光大藏經・阿含藏》共17冊／佛光出版社（監修）

1988—1997年（61—70歲）

・《佛光大辭典》共8冊／佛光出版社（監修）一九八九年新聞局頒予「圖書類金鼎獎」
・《佛光大藏經・禪藏》共51冊／佛光出版社（監修）
・《佛光大藏經・淨土藏》共33冊／佛光出版社（監修）
・《佛光大藏經・般若藏》共42冊／佛光出版社（監修）
・《佛光學》／佛光文化・講義本（編著）
・《佛教叢書之一：教理》／佛光出版社（編著）
・《佛教叢書之二：經典》／佛光出版社（編著）
・《佛教叢書之三：佛陀》／佛光出版社（編著）
・《佛教叢書之四：弟子》／佛光出版社（編著）
・《佛教叢書之五：教史》／佛光出版社（編著）
・《佛教叢書之六：宗派》／佛光出版社（編著）
・《佛教叢書之七：儀制》／佛光出版社（編著）
・《佛教叢書之八：教用》／佛光出版社（編著）
・《佛教叢書之九：藝文》／佛光出版社（編著）
・《佛教叢書之十：人間佛教》／佛光出版社（編著）

1998—2007年（71—80歲）

・《中國佛教經典寶藏精選白話版》共123冊／佛光文化（總監修）
・《佛光教科書1：佛法僧三寶》／佛光文化（編著）
・《佛光教科書2：佛教的真理》／佛光文化（編著）
・《佛光教科書3：菩薩行證》／佛光文化（編著）
・《佛光教科書4：佛教史》／佛光文化（編著）
・《佛光教科書5：宗派概論》／佛光文化（編著）
・《佛光教科書6：實用佛教》／佛光文化（編著）
・《佛光教科書7：佛教常識》／佛光文化（編著）
・《佛光教科書8：佛教與世學》／佛光文化（編著）
・《佛光教科書9：佛教問題探討》／佛光文化（編著）
・《佛光教科書10：宗教概說》／佛光文化（編著）
・《佛光教科書11：佛光學》／佛光文化（編著）
・《佛光教科書12：佛教作品選錄》／佛光文化（編著）
・《書香味（一）：在字句裏呼吸》／香海文化（總編輯）
・《書香味（二）：穿越生命的長河》／香海文化（總編輯）
・《書香味（三）：聽星子在歌唱》／香海文化（總編輯）
・《書香味（四）：波光裏的夢影》／香海文化（總編輯）
・《書香味（五）：世界向我走來》／香海文化（總編輯）

・《書香味（六）：不倒翁的歲月》／香海文化（總編輯）
・《書香味（七）：那去過的過去》／香海文化（總編輯）
・《書香味（八）：天地與我並生》／香海文化（總編輯）
・《書香味（九）：人間不溼不漫》／香海文化（總編輯）
・《書香味（十）：我有明珠一顆》／香海文化（總編輯）

2008—2015年（81—88歲）

・《佛光大藏經・法華藏》共55冊／佛光出版社（監修）
・《法藏文庫》共110冊／佛光山文教基金會（監修）
・《人間佛國》／天下文化（審訂）
・《金玉滿堂・教科書1：佛光菜根譚》共10冊／佛光文化（總策畫）
・《金玉滿堂・教科書2：星雲說偈》共10冊／佛光文化（總策畫）
・《金玉滿堂・教科書3：人間萬事》共10冊／佛光文化（總策畫）
・《金玉滿堂・教科書4：佛光山名家百人碑牆》共10冊／佛光文化（總策畫）
・《金玉滿堂・教科書5：星雲法語》共10冊／佛光文化（總策畫）
・《金玉滿堂・教科書6：佛光祈願文》共10冊／佛光文化（總策畫）
・《金玉滿堂・教科書7：古今譚》共10冊／佛光文化（總策畫）
・《金玉滿堂・教科書8：禪話禪畫》共10冊／佛光文化（總策畫）

・《金玉滿堂・教科書9：人間音緣》共10冊／佛光文化（總策畫）

・《金玉滿堂・教科書10：法相》共10冊／佛光文化（總策畫）

・《世界佛教美術圖說大辭典》共20冊／佛光文化（監修）

・《獻給旅行者們365日：中華文化佛教聖典（中文版）》佛光文化（總監修）

星雲大師大事紀——兩岸．文教弘法選錄

一九二七年

・生於江蘇江都。俗名李國深，父親李成保，母親劉玉英。

一九三八年

・隨母至南京尋父，以此因緣在棲霞山寺禮志開上人披剃出家，法名悟徹，號今覺。祖庭為江蘇宜興白塔山大覺寺。隔年，入棲霞律學院就讀。

一九四一年

・於棲霞山寺乞受三壇大戒，《同戒錄》編為二十五壇壇頭。

一九四四年

・於常州天寧寺參學。隔年入焦山佛學院就讀。

一九四七年

・返宜興大覺寺禮祖，並擔任白塔國民小學校長。

一九四八年

・任南京華藏寺住持，並與同學智勇法師創辦《怒濤》月刊。

一九四九年

・組織「僧侶救護隊」來台。

・被誣陷為匪諜，與慈航法師等人一同被捕，幸經孫張清揚、吳經明居士等人奔走而獲保釋。

・經中壢圓光寺妙果老和尚留單，作務之餘筆耕，並陸續投稿於《覺生》、《覺群》、《人生》、《自由青年》、《菩提樹》等佛教雜誌。

一九五一年

・擔任《人生》月刊主編。

・出任「台灣佛教講習會」（佛學院）教務主任。

一九五三年

・應宜蘭李決和、張輝水、林松年、林長青、馬騰等居士禮請，駐錫雷音寺，展開各項弘法。

・陸續出版翻譯日人森下大圓著作，為《觀世音菩薩普門品講話》、及《無聲息的歌唱》。

・分別成立光華補習班，及「佛教兒童星期學校」，為各別分院兒童班及海外中華學校起源。

一九五四年

• 著作《玉琳國師》出版。
• 帶領宜蘭念佛會持續四天慶祝佛誕節活動，利用幻燈片、音樂布教，開創現代化布教之始。
• 創作佛教歌曲，並搜集佛教歌曲多首，編印佛教歌詠隊歌集一冊。

一九五五年

• 應中華佛教文化館「影印大藏經委員會」之邀，發起環島布教、宣傳影印大藏經。
• 出版《釋迦牟尼佛傳》，為佛教界第一本精裝書。

一九五七年

• 宜蘭市慈愛幼稚園落成，為台灣最早由佛教創辦的幼稚園。隔年高雄私立慈育幼稚園開學。
• 出版佛教第一張聖歌唱片。於宜蘭民本電台製作「佛教之聲」廣播節目，首創佛教電台弘法。

一九五八年

• 倡印「每月一經」，將艱澀難懂的經文採新式標點符號，分段、分行，使經文容易閱讀。

一九五九年

• 台北三重埔「佛教文化服務處」正式開幕。

一九六一年

• 發起組織編輯「中英對照佛學叢書」委員會，陸續發行《經典之部》、《教理之部》，為首部中英對照佛學藏經。

一九六三年

• 與白聖法師等人組成「佛教訪問團」訪問東南亞；期間會見泰皇蒲美蓬、印度總理尼赫魯及菲律賓總統馬嘉柏皋等人。後集出版《海天遊踪》一書。

一九六五年

• 創辦「壽山佛學院」。

• 與南亭、悟一法師共同創辦佛教「智光商工職業學校」。

一九六七年

• 變賣高雄佛教文化服務處房屋，購得高雄縣大樹鄉麻竹園二十餘甲山坡地作為建寺用地，定名為「佛光山」。壽山佛學院移址佛光山，更名為「東方佛教學院」。

一九六九年

• 舉辦「第一屆佛光山大專佛學夏令營」。

一九七二年

・制訂佛光山宗務委員會組織章程，自此佛光山成為有制度、有組織的現代教團。

一九七三年

・蔣經國先生一行蒞山，對佛光山建設、文化、教育等成就，表示讚揚。

一九七五年

・至「國立藝術館」舉辦佛學講座，為國內首位進入國家殿堂講說佛法的出家人。

一九七六年

・代表「中國佛教會」組團赴美，慶賀美國立國二百週年紀念。為佛教界首次訪美。

・《佛光學報》創刊，開佛教學術研究先河。

一九七七年

・設《佛光大藏經》編修委員會。

・開辦普門中學。

一九七八年

・榮獲美國洛杉磯東方大學榮譽哲學博士學位。

・開啟每年於台北國父紀念館舉行佛學講座之始，往後三十餘年從未間斷。

一九七九年

・於台北國父紀念館舉行「佛教梵唄音樂會」，為佛教音樂進入國家殿堂之始。

・於中華電視公司製播「甘露」節目，首開佛教電視弘法先例。

・創辦《普門》雜誌。

一九八〇年

・設美國「佛光山白塔寺中華學校」，為第一個由佛教團體創辦的中華學校。

・擔任「中國文化大學印度文化研究所」首任所長。

一九八三年

・於香港沙田大會堂舉行三天佛學講座，推動香港學佛風氣。

・「佛光大藏經編修委員會」出版第一部佛光版《阿含藏》。

一九八四年

・獲教育部頒發「社會教育有功人員獎」，為教界獲此獎項第一人。

一九八五年

• 依佛光山宗務委員會組織章程宣布退位，傳法予大弟子心平。「恪遵佛制，薪火相傳，以制度管理，以組織領導」，樹立道場民主化之典範。

一九八七年

• 與「中國佛教協會」會長趙樸初於泰國曼谷首次相會。

一九八八年

• 《佛光大辭典》出版；隔年獲頒發「金鼎獎」。

• 由美國西來寺主辦「世界佛教徒友誼會第十六屆大會」，為國際佛教會議第一次於西半球召開的會議，為海峽兩岸佛教首開平等交流之創舉。

一九八九年

• 應「中國佛教協會」會長趙樸初之邀，率僧俗二眾五百餘人，赴大陸弘法探親。並與大陸國家主席楊尚昆、政協主席李先念於北京人民大會堂會晤。

• 於佛光山舉辦「國際禪學會議」，五十餘位東西方學者發表論文。至今，舉辦多次國際佛教學術研討會、禪學會議，邀請大陸學者、教授作學術、文化之交流。

一九九〇年

・西來寺向美國政府正式申請「西來大學」立案，為中國佛教於西方國家成立之第一所高等學府。

・於紅磡香港體育館舉行佛學講座，開啟每年於紅館弘法之始。

一九九一年

・大陸中國社會科學院於佛光山文物展覽館舉辦「中國敦煌古代科學技術特展」。

・《遠見》雜誌舉辦探討兩岸宗教與文化交流，應邀於中華電視台以「台灣情・中國心」做專題講演。

一九九二年

・國際佛光會世界總會於美國西來寺成立。

一九九三年

・返鄉探親並至海安祭拜剃度恩師——志開上人。為大陸改革開放的發展，召開全球佛光人以經濟投資等支持此項改革開放計畫。

一九九四年

・《佛光大藏經・禪藏》五十一巨冊出版。

一九九五年

•委託大陸學者百餘人撰寫《中國佛教白話經典寶藏》一百三十二冊，將佛經現代化、白話化、藝文化。

•第一所不收學雜費私立大學南華管理學院（隔年經教育部核准，升格為南華大學）開學，同時舉行「開校啟教典禮」。

一九九七年

•應邀前往新加坡國立體育館講說「大寶積經要義」，五萬人聆聽。為該國首度大型佛教講經開大座。

•國際佛光會世界會員代表大會，於香港舉行，並以「圓滿自在」作主題演說。

•佛光衛星電視台（今人間衛視）於台北林口中正體育館舉行開台典禮。

一九九八年

•前往馬來西亞與總理馬哈迪會談，中馬佛教與回教交流邁入新里程。

一九九九年

•於大陸捐獻百餘間希望中、小學及雲水醫院；並於台灣埔里開辦均頭中小學。

•率領「佛光山梵唄讚頌團」赴歐洲巡迴弘法一個月。

二〇〇〇年

・美國亞利桑那州立大學、密西根州立大學等，將《星雲法語》、《佛光菜根譚》、《迷悟之間》等著作選為授課教材。

・《人間福報》創刊，同年七月，美洲版同步發行。

・至南京棲霞山寺禮祖。

・前往南京「侵華日軍南京大屠殺遇難同胞紀念館」捐贈佛光山收藏的李自健繪製〈南京・一九三七〉油畫。

二〇〇一年

・編輯《法藏文庫——中國佛教學術論典》，獲北京、人民、南京、四川、蘭州大學等多位名教授鼎助，收錄出版三十年來中國大陸、香港、台灣博碩士佛教論文共一百二十冊。

・率領「佛光山梵唄讚頌團」前往美加地區演出。

二〇〇二年

・大陸政府以「星雲簽頭，聯合迎請，共同供奉，絕對安全」十六字授權，聯合台灣佛教界共同恭迎西安法門寺佛指真身舍利蒞台供奉，為海峽兩岸宗教交流跨出新頁。

・西來大學獲得「美國西區大學聯盟」（WASC）準會員，成為美國首座由華人創辦，並且獲得該項榮譽之大學。

二〇〇三年

・創辦之「國際佛光會世界總會」，獲得加入聯合國非政府組織（NGO），為聯合國組織中，唯一中國佛教民間團體。

・獲泰國摩訶朱拉隆功佛教大學頒授教育行政榮譽博士學位。

・應邀出席於揚州大明寺舉辦之「鑒真大師東渡成功一二五〇年紀念大會」。

・「佛光山梵唄讚頌團」應中國藝術研究院宗教藝術研究中心之邀，前往大陸北京、上海參加「中國佛樂道樂精粹展演」演出。

・為廈門大學宗教研究所與閩南佛學院共同創辦的「佛學研究中心」揭碑，並應聘為該中心榮譽顧問。

二〇〇四年

・擔任佛光山梵唄讚頌團與中國佛教協會所屬三大語系、五大叢林，兩岸百餘位僧眾共同組成的「中華佛教音樂展演團」團長，分別於澳門、香港、台灣、美國、加拿大等地巡迴，寫下海峽兩岸佛教交流新篇章。

・獲韓國東國大學頒贈榮譽哲學博士學位。

・獲泰國法宗派瑪古德佛教大學頒授榮譽宗教佛學博士學位。

二〇〇五年

・「覺有情——星雲大師墨跡世界巡迴展」，首站於馬來西亞國家畫廊揭幕，亦為該國首位佛教出家人於國家畫廊展出；後又分別至美國西來大學、加州柏克萊大學展出。

- 佛光山文教基金會與香港中文大學，合作設立「人間佛教研究中心」。
- 應邀參加在海南島三亞市舉行的「海峽兩岸暨港澳佛教圓桌會議」。
- 美國國會圖書館正式將「佛光山」及「星雲大師」出版著作，在國會圖書分類號佛教類中，設立單獨分類號；並將「人間佛教」及「佛光山」正式編入國會圖書館主體標目。
- 為鑒真學院主持破土動工揭牌式，並捐贈「揚州鑒真大師圖書館」。及贊助江都聾啞學校。

二〇〇六年

- 接受美國布希總統頒贈的「傑出成就獎」。
- 至湖南省博物館主持「覺有情——星雲大師墨跡巡迴展」開幕。
- 應邀至湖南嶽麓書院講演「中國佛教與五乘共法」，為首位佛教出家人於該書院講學。
- 於杭州舉辦的首屆「世界佛教論壇」為八大發起人之一，並以「如何建設和諧社會」為題，發表主題演說。
- 出席「國際佛光會二〇〇六年亞洲地區會員聯誼會」，接受澳洲格雷菲斯大學 Griffith University 頒發榮譽博士。
- 受邀出席「第三屆全球中華文化經典誦讀大會」開幕暨「全球讀經日」活動，說明全球讀經對世界和平的意義。
- 應「世紀偉人」孫中山先生創辦的廣州中山大學邀請，於該校為哲學、文學系師生近五百人講演「般若的真義」。
- 接受台北天主教輔仁大學校長黎建球於台北國父紀念館頒授輔仁大學名譽法學博士學位。

二〇〇七年

・分別至重慶三峽博物館、南京博物院、揚州雙博館主持「覺有情——星雲大師墨跡世界巡迴展」開幕。

・應邀至南京大學講演「和諧從心開始」。

・應邀出席於揚州鑒真圖書館舉行之「國際佛教教育論壇」。

・於林口體育館主持「祈求兩岸和平人民安樂回向法會」，寒山寺住持秋爽法師為感念過去法祖性空長老與大師同學棲霞，故將一口仿唐「和合鐘」贈予本山，並締結兄弟寺。

・應邀出席「第二屆中國無錫靈山勝會」開幕典禮，及靈山學院成立、江南大學宗教社會學研究所成立儀式，紀念趙樸初誕辰一百週年遺墨展和星雲大師墨寶展等。

二〇〇八年

・主持揚州「鑒真圖書館開館暨揚州講壇開壇」典禮。

・應邀於北京中國佛學院大講堂以「和諧」為題講演。

・四川汶川大地震，指示撥款一千萬人民幣救災，成立「救災指揮中心」，整合全球資源賑災。後於佛光祖庭宜興大覺寺舉行「為四川大地震災民祈福法會」。

・應中國東方航空之邀，搭乘兩岸直飛首航 MU5001 班次，自南京飛抵台北松山機場。

・前往四川江油市出席「二〇〇八」家親・手足情心靈呵護之旅」開幕典禮暨救護車、輪椅捐贈儀式。

・以中華奧運團榮譽總顧問身分出席「北京奧運開幕式」，並接受中國媒體專訪。

・邀請「百家講壇」、「揚州講壇」名講師，復旦大學歷史系錢文忠教授、山東大學馬瑞芳、牛清遠教授伉儷，北京師範大學教授于丹、康震，北京大學暨佛光大學客座教授王邦維、北京社科院清史專家閻崇年等教授來台講演授課，為兩岸文教交流跨出新頁。

・應邀出席由大覺文化、上海辭書出版社、復旦大學主辦之「佛教文化與社會和諧」佛學講座。

・為提倡優良中華文化，延請北京京劇院青年團，由原北京市張百發副市長帶領來台巡迴演出。

・獲美國南加州惠提爾大學（Whittier University）頒授榮譽人文博士學位。

二〇〇九年

・出席於無錫靈山梵宮所舉辦之「第二屆世界佛教論壇」開幕典禮，並發表主題演說。閉幕典禮於台北小巨蛋舉行。

・獲中山大學頒授名譽文學博士學位。

・著作《寬心：星雲大師的人生幸福課》，由江蘇文藝出版社出版，入選大陸新書排行榜、《新京報》及《北京晨報》排行榜。

・應邀於長春吉林大學為師生開示。

二〇一〇年

・受邀出席「智慧東方——二〇〇九中華文化人物頒授典禮」，獲頒「中華文化人物終身成就」。

・受邀出席於香港大學陸佑堂接受該校頒發名譽社會科學博士學位，並以「四和」為題演講。

・創辦「揚州講壇」成立三年，以「我怎樣走向世界」為題，首次應邀出席演講。

- 應邀出席南京大學「中華文化研究院大樓」（佛光樓）奠基典禮，及接受陳駿校長頒贈「中華文化研究院名譽院長暨客座教授」聘書，並做首場講座。
- 應邀於香港中文大學邵逸夫堂，以「禪與悟」為題講演。
- 大陸青海玉樹大地震，發起本山全球道場、國際佛光會及全球佛教徒每日課誦中祝禱。
- 應大陸文化部邀請，於北京中國美術館舉行「星雲大師一筆字書法展」，為數十年來第一位於該館展出書法作品的出家僧人。
- 應邀於北京中國藝術研究院，以「中華傳統文化與和諧社會」為題演講。
- 應邀擔任「靈山世界公益論壇」發起人並闡述「世界公益」。
- 獲韓國金剛大學頒授名譽文學博士學位。
- 應邀出席常州大劇院舉辦的「龍城講壇」，以「道德力量與幸福智慧」為題講演。
- 應邀於南京大學鼓樓校區大禮堂演講「禪與人生」。
- 出席於鑒真圖書館舉行之「日本東大寺鑒真大和尚坐像回揚州省親揭幕儀式供奉法會」並致詞。
- 獲南京雲錦博物館捐贈「雲錦真金孔雀羽八吉寶蓮妝花緞袈裟」，供奉於佛陀紀念館，作鎮館之寶。

二〇一一年

- 應邀出席於北京清華大學主樓報告廳舉行的「華語媒體高峰論壇」，並以「媒體與三好運動」發表意見。
- 應北京大學之邀，於校長辦公樓大禮堂講演「禪文化與人生」，並獲頒名譽教授證書。

・應廈門大學之邀，於廈門大學建南大禮堂講演「空有之關係」。
・應廣州中山大學之邀，於懷士堂講「世間財富知多少」。
・與澳門特首崔世安博士會晤，特首贈澳門地標「觀音」水晶像。
・應邀於澳門大學文化中心講演「世間財富知多少」。
・應邀出席首屆太湖文化論壇年會開幕式，於蘇州太湖國際會議中心演說開幕主題「五和」。
・應邀前往南昌大學出席授聘儀式，接受南昌大學校長周文斌博士頒贈名譽教授。
・於佛光山應邀主持「二〇一一國際青年生命禪學營」開營典禮，為來自四十餘國、四百所知名大學，碩博士生一千五百位青年開示。
・前往揚州大學，接受大學頒贈「揚州大學佛學研究所名譽所長」聘書及「揚大講壇演講」證書，講演「談心——星雲大師的人生幸福課」。
・受邀參觀淮海戰役（即徐蚌會戰）紀念館，並題寫「社會和諧，世界和平，且看中國」。
・前往山西省大同市雲岡石窟出席「雲岡建窟一千六百年慶典活動」，並為雲岡石窟研究院題寫「人類心寶」。
・成立「人間佛教研究院」，由大師擔任院長，慈惠法師擔任執行副院長，南京大學程恭讓教授擔任主任。
・歷經十餘年籌備，三年多建設的「佛陀紀念館」於十二月二十五日落成，出席該館所舉辦的一系列活動。

二〇一二年

・受邀至無錫人民大會堂講演「認識自己」專題講座。

・應邀出席佛光祖庭宜興大覺寺舉辦的首屆「二〇一二中國宜興兩岸素食文化暨綠色生活名品博覽會」開幕式。
・應「第六屆夏季達沃斯論壇」之邀，前往天津梅江會展中心主講「信仰的價值」，成為該論壇創辦四十二年來首度專題講說的佛教人士。
・獲澳門大學頒授榮譽人文學博士學位。
・應國史館之邀，口述歷史《百年佛緣》全套四冊出版。
・應邀出席在佛陀紀念館大覺堂舉辦第一屆「星雲人文世界論壇」，發表專題「人間佛教改變人心」；並與美國哈佛大學傅高義教授、遠見・天下文化事業群創辦人高希均教授對談。
・在馬來西亞首相署與馬來西亞首相拿督斯里納吉會晤，贈送一筆字「吉星高照」。

二〇一三年

・受邀出席於博鰲舉辦的「圓桌對話」，並題寫「博鰲亞洲文化」墨寶相贈。
・受邀和國民黨榮譽主席連戰率領的台灣代表團，於北京人民大會堂福建廳，分別與中共總書記習近平先生、大陸國家主席胡錦濤先生會面，成為史上同時會見大陸中共總書記、大陸國家主席的宗教界人士第一人。
・「二〇一三年星雲大師一筆字書法中國大陸巡迴展」，於北京國家博物館展覽，成為首位於大陸國家博物館巡迴展覽的出家人。陸續於海南、山西、內蒙古、甘肅、西安、雲南等博物館展出。
・口述歷史《百年佛緣》增訂本由佛光山宗委會發行，佛光出版社出版，全套一百六十萬字。
・受邀出席第二屆「星雲人文世界論壇」，於佛陀紀念館大覺堂與諾貝爾文學獎得主莫言、遠見・天下文化事業群創辦人高希均教授對談。

- 於佛光祖庭宜興大覺寺為參加「尋根之旅」的一千五百位佛光人開示。
- 受邀出席由國家圖書館、三聯書店共同主辦之「《百年佛緣》新書首發」活動，並以「看見夢想的力量」為題講演。
- 受邀前往中正大學，出席「星雲大師名譽博士頒授典禮暨高等教育論壇」，頒頒名譽社會科學博士學位。
- 受邀於廣州中山紀念堂專題講演「看見夢想的力量」。
- 應邀出席北京 CCTV 舉行的二〇一三「中華之光——傳播中華文化年度人物」頒獎典禮，獲頒「中華之光——傳播中華文化年度人物」，同時也是央視網路公眾票選第一名。
- 受邀出席在雲南大學慶來堂舉行的南華大學與雲南大學簽定友好協議暨《看見夢想的力量》專題講座。

二〇一四年

- 於北京釣魚台國賓館與國民黨榮譽主席連戰伉儷一同與大陸總書記習近平見面。對於總書記表示：「你送我的書（指《百年佛緣》），我全都讀完了。」回應：「『中國夢』帶給中國更偉大、富強的發展，令人激賞。」
- 出席於北京釣魚台國賓館舉行的「兩岸各界人士座談會」，為會議首位發言人。

二〇一五年

- 三月，受邀出席「二〇一五年博鰲亞洲論壇年會」，並與大陸國家主席習近平合影。該論壇首次設立宗教分論壇，與大陸、香港、印尼等地宗教界代表就「中道圓融：凝聚善願的力量」

談宗教和平精神與中道思想。

‧四月，受邀出席人民出版社於北京人民大會堂舉行的《獻給旅行者365日——中華文化與佛教寶典》新書出版座談會。由大陸國務院台灣事務辦公室、國家新聞出版廣電總局關心指導，首刷一百一十萬冊。

‧四月，揚州建城二千五百年紀念，應揚州市政府之邀，首度於揚州講壇以「般若心經的宇宙觀與人生觀」為題，舉行三天講座。計有來自廣東、河南、河北、陝西、江西、山東、內蒙、四川等各地人士萬人聆聽。

‧四月，與上海副市長趙雯女士、國家宗教局外事司副司長薛樹琪、市台辦主任李文輝、遠見‧天下文化事業群創辦人高希均教授、發行人王力行女士、復旦大學錢文忠教授、海派清口創辦人周立波等，共同為上海星雲文教館揭幕啟用，五百餘人與會。

我的讀書筆記

社會人文 GB400

星雲學說與實踐

國家圖書館出版品預行編目(CIP)資料

星雲學說與實踐 / 釋滿義著. -- 第一版.
-- 臺北市 : 遠見天下文化, 2015.05
面 ; 公分. -- (社會人文 ; 400)
ISBN 978-986-320-719-1(精裝)

1.釋星雲 2.學術思想 3.佛教

220.9208　　104006011

作者－釋滿義

出版事業部副社長／總編輯－許耀雲
副總編輯－王譓茹
社會人文總監－吳佩穎
社會人文副總監－吳毓珍
執行主編－項秋萍（特約）
封面設計－張議文
內文設計－張治倫工作室　廖得妤（特約）
圖表設計－吳靜慈（特約）

出版者－遠見天下文化出版股份有限公司
創辦人－高希均、王力行
遠見・天下文化・事業群　董事長－高希均
事業群發行人／ CEO－王力行
出版事業部副社長／總經理－林天來
版權部協理－張紫蘭
法律顧問－理律法律事務所陳長文律師
著作權顧問－魏啟翔律師
地　址－台北市 104 松江路 93 巷 1 號 2 樓
讀者服務專線－（02）2662-0012 ｜傳真－（02）2662-0007；2662-0009
電子信箱－cwpc@cwgv.com.tw
直接郵撥帳號－1326703-6 號　　遠見天下文化出版股份有限公司

電腦排版－張治倫工作室
製版廠－東豪印刷事業有限公司
印刷廠－祥峰印刷事業有限公司
裝訂廠－精益裝訂股份有限公司
登記證－局版台業字第 2517 號
總經銷－大和書報圖書股份有限公司
電話－（02）8990-2588
出版日期－2015 年 5 月 8 日第一版
　　　　　2015 年 6 月 10 日第一版第 3 次印行

定價－420 元
ISBN－978-986-320-719-1
書號－GB400

天下文化書坊　http://www.bookzone.com.tw